Deloitte. トーマツ.
デロイト トーマツ

[著] 有限責任監査法人トーマツ

リスクマネジメントのプロセスと実務

[増補版]

Process and Practice of Enterprise Risk Management

第一法規

はしがき

　企業は、かつてないほど多くのリスクに取り囲まれています。製品の事故、顧客からの苦情、偽装問題、情報漏洩、コンプライアンス、自然災害など、あげればきりがありません。原材料や資源の高騰、少子高齢化、環境問題等の新たな社会規制など、経営環境も激しく変化しています。また、事業の国際化やM＆Aなどにより企業の規模や事業活動が拡大し、企業が直面するリスクが巨大化、多様化、複雑化しています。
　近年、企業がリスクマネジメントを怠った結果、不祥事となってリスクが顕在化するケースが後を絶ちません。循環取引による粉飾、長年にわたる損失隠し、経営者による私的な資金の流用、外国公務員等に対する贈賄、カルテル等の独占禁止法違反、食品や原材料の不当表示、インサイダー取引、個人情報の流出、ＴＶ番組でのやらせ問題などの企業不祥事が、毎日のようにメディアを騒がせています。

　こうした「不祥事」という形でリスクが顕在化した結果、企業が倒産することはめずらしいことではなくなりました。
　このような不祥事が発生すると、企業が致命的な損害をこうむるのはもちろん、責任を追及された経営者や従業員も一生癒えない傷を負うことになります。近年は不祥事を起こした企業の経営者が訴えられて巨額の賠償を命じられるケースが増えていますし、不祥事に関わった従業員が実行犯として刑事責任を追及されることもあります。

　このようなリスクの顕在化は、企業活動をしていく上で、どの企業にも起こり得るものです。
　経営者は、企業、従業員そして自分自身を守るためにも、リスクを顕在化させない方法、もし顕在化しても被害を最小限で済ませる方法に真剣に取り組まなければなりません。
　リスクマネジメントは、いまや避けることのできない経営課題なのです。

しかしながら、多くの日本企業においては、リスクマネジメントの重要性が十分に理解されていなかったり、形式的な取り組みに留まっているケースが少なくありません。

　本書は、そのような日本企業の課題の改善に少しでも貢献したいという思いで企画しました。

　「第Ⅰ部　リスクマネジメント概論」では、リスクマネジメントの全体像を把握し、基本的な理解を得ることを目的としています。企業経営者の方はもちろん、すべての管理職の方にも知っておいていただきたい内容となっています。

　「第Ⅱ部　潜在的なリスクへの対応」では、リスクを顕在化させないための実務を紹介しています。いわゆるPDCAサイクルと、実効性を高めるための体制について解説するとともに、実際に業務をする上で役立つフォーマットの事例なども盛り込みました。

　「第Ⅲ部　顕在化した危機への対応」では、リスクが顕在化した場合の実務を紹介しています。残念ながら、リスクの顕在化を100％防止することは不可能です。企業は、危機発生時に被害を最小限で済ませる方法を事前に準備しておかなければなりません。危機発生時は、マスコミ対応も重要な要素となります。

　「第Ⅳ部　リスクマネジメント事例」では、リスクマネジメントを上手く活用している企業の事例を紹介しています。また、近年特に気をつけなればならない個別のリスク事例についても解説しています。リスクマネジメントの方法論に唯一の正解はありませんから、自社のおかれた状況を踏まえて試行錯誤を繰り返すしかありません。その際、本書で紹介している他社の優れた事例は、大いに参考にしていただけると確信しています。

　本書は、読者の皆さまの理解の助けになるよう平易な表現、わかりやすい図表を用いて説明するように心掛けました。また、執筆者代表および各執筆者のコンサルタントとしての経験もできるだけ盛り込み、執筆者代表および各執筆者が所属する有限責任監査法人トーマツの方法論も可能な限

り紹介しています。

　すでにリスクマネジメント業務に取り組まれている皆さま、そして今後取り組んでいく皆さまの実務のお役に立てば幸いです。

　なお、本書における意見に関わる記述は、執筆者代表および各執筆者の個人的な見解であり、有限責任監査法人トーマツの見解ではないことをお断り申し上げます。

　最後に、本書の企画および編集にあたり、池田孝氏、羽鳥幸子氏には大変お世話になりました。この場をお借りして心より御礼申し上げます。

2019年1月
執筆者代表　仁 木 一 彦

CONTENTS

第Ⅰ部 リスクマネジメント概論 15

第1章 リスクマネジメントの全体像をつかむ 16
1. クライシスマネジメントを定義する 16
2. リスクマネジメントに「定義」はない 16
3. なぜリスクマネジメントが必要か 17
4. リスクマネジメントをどのように実践するか 19

第2章 リスクマネジメントの基本を理解する 22
1. リスクマネジメント実施のポイント 22
2. リスクマネジメントの全体像を把握する 25
3. リスクマネジメントとクライシスマネジメントの違い 32

第3章 リスクマネジメントのガイドライン 34
1. グローバルスタンダードは確立されていない 34
2. ISO31000 34
3. COSO ERM 35

第Ⅱ部 潜在的なリスクへの対応 39

第1章 リスクマネジメントの実務を知る 40
1. リスクマネジメント業務の全体像をつかむ 40
- リスクマネジメント業務の全体像 40

2. リスクを識別する 42
- リスク識別プロセスでは何を行うか 42
- リスク識別の主な方法 43
- リスク識別の視点と範囲 43

3. リスク識別の実務① ボトムアップアプローチとトップダウンアプローチ 45
- リスク調査票の事例紹介 45
- リスク一覧の事例紹介 46

4 リスク識別の実務② CSAを利用する 50
- CSAとは 50
- CSA導入のメリット 50
- CSAをリスクの識別に利用する 51
- CSAを用いたリスク識別・評価手法 52

5 リスクを評価する 52
- リスク評価基準の必要性 52
- リスク評価基準の考え方 53
- リスク評価における実務上のポイント 54

6 リスク評価の実務① すべてのリスクの定量化を試みる 55
- 定量的評価の特徴 55
- 定量的評価の実務 55

7 リスク評価の実務② 定性的な評価も有意義である 56
- 定性的評価の特徴 56
- 定性的評価の実務 56

8 リスクへの対策を実施する 57
- リスク対策の検討アプローチ 57
- リスク対策の事例紹介 59

9 リスクマネジメントを評価する 60
- リスクマネジメント評価の必要性 60
- リスクマネジメント評価の分類 60
- リスクマネジメント評価の実施者 61
- リスクマネジメント評価の指標 62

10 リスクマネジメント評価の実務（パフォーマンスレビュー）63
- パフォーマンスレビューの実務 63

11 リスクマネジメントの是正・改善を行う 64
- 是正・改善内容の検討アプローチ 64

12 リスクマネジメントの是正・改善の実務 65
- 是正・改善の実務上のポイント 65
- 是正・改善の検討時期（「いつ」）65
- トップマネジメントレビュー 66

13 リスクマネジメントの監査を行う 68
- リスクマネジメント監査の必要性 68
- リスクマネジメントシステムにおける内部監査部門の役割 68
- リスクマネジメント監査の概要および実務上のポイント 69

14 リスクマネジメント監査の実務① 69
- リスクマネジメントに関する目的の妥当性 70

- ■ リスクマネジメント体制の妥当性 71
- 15 リスクマネジメント監査の実務② 71
  - ■ リスク識別・評価の妥当性 71
  - ■ リスク対応策の妥当性 72
  - ■ 自己評価の妥当性 73
  - ■ 是正・改善活動の妥当性 73

第2章 リスクマネジメント体制を整備する 74

- 1 リスクマネジメント実務体制の全体像をつかむ 74
- 2 全社のリスクを統括する 75
  - ■ 全社のリスク統括の必要性 76
  - ■ 全社のリスクを統括するためのキーポイント 77
- 3 リスクマネジメントを実施するのは各部門 77
- 4 規程・マニュアル整備でやるべきことを「見える化」する 78
  - ■ 規程・マニュアル整備の必要性 78
  - ■ 規程・マニュアルの例 78
- 5 リスクマネジメント部門の権限と責任 80
  - ■ 全社のリスクマネジメント統括体制 81
  - ■ 各部門、子会社のリスクマネジメント管理体制 85
  - ■ モニタリング体制 86
- 6 リスクマネジメント部門の専門教育 91
  - ■ 専門教育の必要性 91
  - ■ リスクマネジメント部門社員に求められる能力 91
- 7 リスクマネジメント部門と他部門のコミュニケーション 92
  - ■ コミュニケーションの重要性 92
  - ■ 社員のトレーニング 92
  - ■ リスク情報の共有化 93
- 8 リスクマネジメント部門の業績評価 94
  - ■ リスクマネジメント部門の業績をどのように評価するか 94

第3章 企業の活動事例を学ぶ—リスクマネジメント活動の公表状況— 96

- 1 企業のイメージアップにつながるリスクマネジメントの開示 96
  - ■ リスク情報とリスクマネジメントに関する情報の開示の状況 96
  - ■ リスク情報とリスクマネジメントに関する情報の開示の効果 97
  - ■ リスク情報開示のポイント 98
- 2 コーポレートガバナンス・コードの策定 99

③ 有価証券報告書 100
- 有価証券報告書とは何か 100
- 有価証券報告書の開示項目 101
- 有価証券報告書におけるリスクマネジメント体制の開示項目 101
- 有価証券報告書による開示事例 102

④ 事業報告書 105
- 事業報告書とは何か 105
- 事業報告書の開示項目 105
- 事業報告書におけるリスクマネジメント体制の開示項目 106
- 事業報告書による開示事例 106

⑤ ガバナンス報告書 107
- ガバナンス報告書とは何か 107
- ガバナンス報告書の開示項目 108
- ガバナンス報告書におけるリスクマネジメント体制の開示項目 108
- ガバナンス報告書におけるリスクマネジメントの記載ポイント 109
- ガバナンス報告書による開示事例 109

⑥ CSR報告書 111
- CSRとは何か 111
- CSRからCSVへ 112
- CSR報告書の役割と効果 112
- CSR報告書の開示項目 112
- CSR報告書におけるリスクマネジメント体制の開示項目 113
- CSR報告書における開示のポイント 113
- 総括 114
- CSR報告書による開示事例 115

第Ⅲ部 顕在化した危機への対応 117

第1章 クライシスマネジメントの全体像をつかむ 118

① クライシスマネジメントを定義する 118
② クライシスマネジメントとは、いつ・どこで起こるかわからない「必然」に備えること 119
③ 企業が対応するべきクライシスの類型 120
④ 二次災害の防止もクライシスマネジメントの目的 121
⑤ クライシスマネジメントにおける損得勘定 122
⑥ クライシスマネジメントは経営者の責任 123

第2章 クライシスマネジメントの基本理解と実務範囲 125
1 企業を取り巻くクライシス 125
2 クライシスマネジメントの基本的な体制 126
- 自社にとっての影響の大きさを考慮し、クライシスとして定義する 127
- クライシス時の円滑な初動のため、連絡手段を整備する 129
- クライシス時の役割分担を含めた体制図を整備する 129

3 情報を確認、整理、そして分析する―製品事故のケース 131
- 製品事故発生時の情報の入手、確認 131
- 製品事故発生時の情報の整理 132
- 製品事故発生時の情報の分析 136

4 原因を解明する―製品事故のケース 136
5 原因を公表する―製品事故のケース 137
6 対策本部の日ごろの準備 138
7 クライシスマネジメントからリスクマネジメントへ 139

第3章 企業不祥事発生時のクライシスマネジメント 142
1 企業不祥事とは 142
2 なぜ不祥事が起きるのか 143
3 調査委員会の設置と運営 145
4 調査委員会の設置・運営プロセス 146
5 クライシスコミュニケーションとは 151
- 重要なコミュニケーション対象 151

6 起こした事実より、対応のまずさが非難される 152
7 クライシスコミュニケーションの最大の対象はマスコミ 153
8 対マスコミの基本姿勢 155
- 不祥事におけるマスコミ対応の注意点 155
- 一般社員によるマスコミ対応の注意点 155

9 ポジションペーパーは必須の資料 156

第Ⅳ部 リスクマネジメント事例 159

第1章 リスクマネジメントをうまく活用している企業の事例 160
事例1 サービス業X社のケース 160
1 事例背景 160
- リスクの多様化 160

- ■ 現場のブラックボックス化 161
- ②　リスクマネジメント導入時の課題と対応 162
  - ■ リスクマネジメントの段階的な導入 163
- ③　X 社におけるリスクマネジメントの成功要因 169
- ④　リスクマネジメントの効用 169
  - ■ 現場のリスク感覚アップ 169
  - ■ 適時適切な本社経営への情報集約による有益な情報提供 169
  - ■ PDCA サイクルの徹底による持続的なリスクヘッジ 170
  - ■ 内部統制レベルの向上 170
- ⑤　今後の課題 170
  - ■ リスク固定化の傾向 170
  - ■ 新規ビジネス、進出後間もない国・地域固有のリスク評価の妥当性の検証 171
  - ■ 独立評価の困難性 171

事例2　製造業 Y 社のケース 173

- ①　事例背景 173
  - ■ エスカレーションルールの不備 174
  - ■ 活動領域の拡大によるホワイトスペース 174
- ②　リスクマネジメント導入時の課題と対応 175
  - ■「重要な情報」を「タイムリーに把握する」175
  - ■ 内部監査の利用 176
  - ■「重要な情報」を把握する仕組み（プロセス）177
  - ■「重要な情報」をエスカレーションする仕組み（プロセス）178
  - ■ 内部監査の品質向上 180
- ③　本事例が示唆するもの 180
- ④　今後の課題 181

事例3　製薬業 Z 社のケース 182

- ①　事例背景 182
  - ■ 日本における業界環境 182
  - ■ 従来の製薬業のビジネスモデル 182
  - ■ 日本の製薬企業の M&A と海外市場への進出 183
- ②　多様な業界規制とグローバル化でみえてきた課題 184
  - ■ 多様な業界規制 184
  - ■ 急速なグローバル化・規模拡大に伴う管理の困難性 185
- ③　リスクマネジメントの実践 186
  - ■ リスクの識別・評価 186

- ■ ファーマコビジランスとは 187
- ■ ファーマコビジランス対応実務 188

4 今後の課題 189
- ■ 場面別の事例 190
- ■ 規制別の事例 190

第2章 個別リスク事例 192

場面1 海外での不正の発生 192

1 事例背景 192
- ■ 海外（特に新興国）における不正リスクの危険性 192

2 不正のトライアングル 193
- ■ プレッシャー 194
- ■ 機会 195
- ■ 正当化 195

3 事例の検討 195
- ■ プレッシャー 195
- ■ 機会 196
- ■ 正当化 196

4 不正発生時の対応策 197
- ■ 原因調査（根本原因の把握）（①）198
- ■ 対応策の検討と実行（②）200
- ■ 対応策の定着とモニタリング（③）210

5 今後の課題 210

場面2 メニューの不適切な表示 212

1 事例背景 212
- ■ 2013年におけるメニューの不適切な表示の経緯 212

2 不適切なメニュー表示の発生原因 213
- ■ 不適切か否かの判断軸 213
- ■ 周知することの難しさ 215

3 不適切なメニュー表示に対する対応策 217
- ■ 対応策の体系化 217

4 今後の課題 219

場面3 情報漏えい 221

1 事例背景 221

- ■ ITを活用したビジネス活動の進展 222
- ■ 情報を保管する環境 222
- ■ 大規模化する情報漏えい事故 222

2 情報漏えいの発生原因 223
3 情報漏えいの事例と対策 224
- ■ 内部者による情報漏えい事例（データの不正な持ち出し）224
- ■ 外部者による情報漏えい事例（不正アクセス）226
- ■ 業務委託者からの情報漏えい事例（個人情報の不正な持ち出し）227

4 情報漏えい対策の考え方 229
5 今後の課題 230

経済法1 FCPA（米国海外腐敗行為防止法） 231

1 制度概要 231
- ■ 贈収賄をめぐる動き 231
- ■ 外国公務員等に対する贈収賄の制度の概要 234
- ■ FCPAに関する誤解 237

2 FCPAに関する論点 238
- ■ コンプライアンス・プログラムの整備・運用 238
- ■ 大手金融機関の事例 240

3 FCPAへの対応―贈収賄リスクの評価 242
- ■ 日本企業が抱える悩み 242
- ■ アンケートの活用による現状把握 242
- ■ アンケート調査のポイント 243
- ■ アンケート調査の結果による贈収賄リスク評価 244

4 FCPAへの対応―コンプライアンス・プログラムの構築 245
- ■ コンプライアンス・プログラムの構築 245

5 今後の課題 249

経済法2 カルテル 251

1 制度概要 251
- ■ カルテルをめぐる動き 251
- ■ カルテルの規制の背景 252
- ■ カルテルの規制の概要 253

2 カルテルに関する論点 254
- ■ 贈収賄とカルテルの違い 254
- ■ カルテルに関するコンプライアンス・プログラム 254

3 カルテルへの対応―カルテルリスクの把握 256

- ■ 日本企業が抱える悩み 256
- ■ アンケートの活用による現状把握 257
- ■ アンケート調査の留意点 257
- ■ アンケート調査のポイント 258
- ■ アンケート調査の結果によるカルテルリスク評価 259

4 カルテルへの対応—コンプライアンス・プログラムの構築 259
- ■ カルテルリスクに応じたコンプライアンス・プログラムの再構築 259

5 今後の課題 261

経済法3 **透明性規制（米国 Sunshine Act ほか）** 262

1 制度概要 262
- ■ 透明性規制をめぐる動き 262

2 透明性規制に関する論点 266

3 透明性規制への対応—企業のリスクマネジメント 267

4 体制整備・構築 268
- ■ グローバルでの対応事例 268

5 今後の課題 270

第Ⅴ部 おわりに 271

1 能動的なリスクマネジメント体制の構築に向けて 272
- ■ マネジメントスタイルの変化 272
- ■ 国内外の規制の強化 273

2 リスクマネジメントの課題①—運用の徹底 274

3 リスクマネジメントの課題②—海外への展開 277

4 Governance, Risk & Compliance（GRC）フレームワークによる対応 279

5 GRC フレームワークの成り立ち 282

6 おわりに 284

参考文献一覧 285

索引 287

著者紹介 289

第Ⅰ部
リスクマネジメント概論

「リスクマネジメント」の目的とは、巨大化・多様化・複雑化するリスクの中で、企業が事業を継続させ、企業の価値を高めること

リスクマネジメントに唯一無二の定義はない

リスクマネジメントは「法令」によって要求され、「ステークホルダー」によって監視される

成功の鍵は「全社的」に「コストパフォーマンス」重視で行うこと

リスクマネジメントの全体像を把握する

第1章 リスクマネジメントの全体像をつかむ

1 クライシスマネジメントを定義する

　現在の企業は、かつてないほど、多くのリスクに取り囲まれている。製品の事故、顧客からの苦情、偽装問題、情報漏えい、災害など、1つずつあげていけばきりがないほどである。また、原材料や石油価格の高騰、環境問題などの新たな社会規制、事業の国際化やM&Aなどの経営環境の変化によって、企業が直面するリスクは、さらに巨大化、多様化、複雑化している。

　現実のビジネスにおいて企業は、「継続して事業を続ける」ことを大きな前提としている。また、事業継続そのものを「企業の社会的責任」であるとみる向きもある。だが、前述した無数のリスクに適切に対処することができなければ、企業の事業継続が困難となる可能性がある。そして、それはもはや無視することができないレベルにまで高まっている。そこで必要となるのが、本書において詳しく解説する「リスクマネジメント」である。

2 リスクマネジメントに「定義」はない

　最近では、「リスクマネジメント」という言葉が、当たり前のように使われるようになってきた。「リスクマネジメント」と耳にして、多くの人はどのような状況をイメージするだろうか。不祥事を起こした企業の経営者がマスコミの前で謝罪する場面を思い浮かべるだろうか。それとも、M&Aの失敗で大きな損失を被る可能性について考えるだろうか。地震などの災害を連想する人もいれば、生命保険への加入を検討する人がいるかもしれない。このように、「リスクマネジメント」という言葉から何を連想するかは、人によって異なる。これはつまり、世の中で認められたリスクマネジメントの唯一の定義は存在しないということである。これが、リスクマネジメントの説明を難しくしている原因でもあるのだが、それでは話が進まない。そこで、本書ではリスクマネジメントを「リスクを全社的な視点で

合理的かつ最適な方法で管理してリターンを最大化することで、企業価値を高める活動」（経済産業省経済産業政策局産業資金課編『先進企業から学ぶ事業リスクマネジメント実践テキスト―企業価値の向上を目指して』（財団法人経済産業調査会、2005年）、以下『実践テキスト』より）と定義する。詳しくは、本書**第Ⅱ部**以降で解説するが、ここでいう「リスク」の定義には、経営者が報道陣の前で謝罪を強いられるような企業不祥事、M&Aの失敗、地震などの災害、保険の選定など、あらゆる事象が含まれることになる。

3 なぜリスクマネジメントが必要か

では、なぜ、それほど真剣にリスクマネジメントを行う必要があるのか。それは、一義的には、会社法で「業務の適正を確保するための体制」、つまり、リスク管理や内部統制の構築を行う義務が規定されている（会社法348条4項・同条3項4号）ためである。そして、リスクマネジメントを怠った結果、企業が消滅するような事態に発展する可能性があるためでもある。

ここで、リスクマネジメントの必要性を世の中に強く知らしめた事例をいくつか紹介する。2000年代初頭、食品偽装事件を引き起こした大手企業は、自力再建を断念し、会社を解散することを決定した。これは不祥事をきっかけに上場企業が消滅するという前代未聞の出来事であった。また、リスクマネジメントを怠った経営者が、巨額の賠償を命じられるケースも増えている。他にも経営陣の責任をめぐって巨額の賠償が命じられた厳しい司法判断の例をあげる。

◎ 大手銀行海外支店における巨額損失事件

従業員が業務を遂行する際に違法な行為に及ぶことを防止する内部統制システムの構築を怠った経営者の注意義務違反のケースとして、裁判所は、現・元取締役らに約800億円の賠償命令を下した（最終的には、和解が成立）。

◎ 食品会社における不純物混入事件

不祥事発生後に親会社の損害を最小限にとどめるための適切な対策を経

営陣が講じなかったケースとして、裁判所は、株主と旧経営陣の上告を退け、双方に対して約50億円の支払いを命じた。

◎ 地方銀行におけるずさんな融資をめぐる事件

回収見込みがない取引先にずさんな融資を行い銀行に損害を与えた特別背任のケースとして、裁判所は、当時の経営陣に約61億円の支払いを命じた。

リスクマネジメントは内部管理業務の1つであると同時に、投資家、顧客、従業員、経営者などのステークホルダー（利害関係者）の期待に応え、信頼を獲得し、企業価値の向上につなげる機会でもある。以下では、様々なステークホルダーについて、それぞれのメリットを確認する。

① 投資家のメリット

いまや、ずさんなリスク管理によって上場企業でも消滅する時代である。投資家にとって、企業の消滅は、投資家自身の資産の消滅を意味する。所有していた株式が、ある日突然、消えてしまうのである。そこで、合理的な投資家は「会社として利益を上げつつ、不祥事の防止もしてほしい」と考えるはずである。企業がその期待に応えるためには、リスクマネジメントを行うしかない。

② 顧客のメリット

食品偽装などの問題が相次ぐ中、顧客は、安心・安全な製品やサービスを求めている。リスクマネジメントの徹底は、顧客の求める安心・安全な製品やサービスの提供を可能にする。

③ 従業員のメリット

企業が消滅すれば、多くの従業員とその家族が路頭に迷うことになりかねない。つまり、企業が事業を継続することそのものが従業員のメリット

となる。リスクマネジメントは、従業員とその家族を守ることにつながる。

④ 経営者のメリット
　前述した巨額の賠償事例は、いずれも、経営者が適切なリスクマネジメントを怠ったために命じられたものだった。より適切なリスクマネジメントが行われていれば、また違った判決が下されていたかもしれない。リスクマネジメントを実行することで、経営者は、その重い義務をまっとうすることができる。

4 リスクマネジメントをどのように実践するか

　ここまでで、リスクマネジメントの必要性は十分に理解していただけたと思う。それでは、次に、リスクマネジメントをどのように実践すればよいかについて考えてみたい。ここで重要なことは、(1) 全社的に実践すること、(2) コストパフォーマンスを踏まえて実践すること、の2つである。

　リスクマネジメントを実践する際には、まず、全社的なリスク管理、つまり、「全体最適型」で取り組むことが重要である。しかし、多くの日本企業のリスクマネジメントの状況は「部分最適型」にとどまっている。例えば、「コンプライアンス」に関するリスクは法務部が、「情報セキュリティ」に関しては情報システム部が、「新規事業への投資」に関しては各事業部門がそれぞれ管轄するといったケースである。つまり、リスクへの対策は、各部門の業務の責任範囲で行われている。このため、経営者も「それぞれの部門がリスクを監視しているから大丈夫だ」と考える傾向がある。

　この部分最適型は、多くの日本企業にとって平均的なリスクマネジメントの姿であり、各部門の専門性を活用し、一定の効果も上げている。しかし、一方で、以下のような問題点を抱えている企業も多くみられる。

① 統括責任者が不明確
　部分最適化が進むと、リスクの統括責任者が不明確になる傾向がある。「あなたの会社のリスク統括責任者は誰だろうか？」

社長？ それとも副社長？ あるいはCFOだろうか？ もし読者が、この問いに即答できない場合には要注意だ。統括責任者が不明な場合には、リーダーシップが発揮されず、リスク対策が滞ってしまうおそれがある。

② 一元管理ができない
部分最適型の場合、リスクが一元管理されにくい傾向がある。各部門でリスク対策をした結果、複数の部署で、類似する活動を行うケースをみかけることがある。これは、前述したコストとリスクの比較の観点からは最悪である。

このような状況を招かないためにも、「全体最適型」のリスクマネジメントを行う必要がある。プロフェッショナルの世界では、これを「ERM」という。ERMとは、Enterprise Risk Managementの略である。本書では、この「ERM」という意味を含んで、「リスクマネジメント」という用語を使うことにする。ここで、前述した本書でのリスクマネジメントの定義を思い出してもらいたい。全体最適型を意識した定義となっていることがおわかりいただけただろうか。

「全体最適型」のリスクマネジメントが求められる理由は簡単である。これまでの「部分最適型」にみられた問題点を以下のように改善し、リスクマネジメントの質を高めることができるためだ。

① 統括責任者が明確になる
全体最適型のリスクマネジメントに取り組もうとすれば、統括責任者はおのずと明確になる。全社のリスクを俯瞰する人が決まっていなければ、全社的な視点での管理ができない。リスク対策は、この統括責任者のリーダーシップの下で強力に推進されるのである。

② 一元管理が可能となる
全体最適型のリスクマネジメントでは、各部門がどんなリスクを抱えて

おり、どんなリスク対策を行っているかを一元管理することができる。同じような対策が必要であれば、同時に実行するなど、活動の効率化も可能になる。

③ 説明責任を果たすことができる
「組織的に対応している」と説明することで、「部分最適型」と比較して、ステークホルダーの理解を得やすいというメリットもある。

　次に重要なことは、コストパフォーマンスを踏まえたリスクマネジメントを実施することである。リスクマネジメントは「タダ」ではない。実際に、多くの日本企業がリスクマネジメントは重要だと考えているものの、その導入に二の足を踏んでいるのは、コストの問題が原因となっていることが多くある。
　コストとは、単にヒト・モノ・カネ（時間）といった貴重な経営資源だけでなく、業務効率に大きく影響を及ぼす従業員のモチベーションまで含められる。リスクに対して十分にコストをかけなければ、リスクにさらされた不安定な経営を続けることになる。逆に、リスクに対して過大なコストをかければ、非効率な経営や競争力の低下につながりかねない。そのため、リスクマネジメントに取り組む際は、リスクとコストのバランスを常に考えて実施する必要がある。
　日本企業の現場には、いったん始めるとトコトンまでやってしまう傾向がある。だが、本業がおろそかになっては本末転倒である。経営者は、リスクマネジメント推進の旗を振る一方、時にはブレーキ役となることも求められる。

第2章 リスクマネジメントの基本を理解する

　前章で説明したリスクマネジメントについての全体像を踏まえて、本章では、リスクマネジメントを実践する際に理解しておく必要がある、基本的な概念について説明する。また、リスクマネジメントと混同されがちなクライシスマネジメント（危機管理）との関係についても説明する。

1 リスクマネジメント実施のポイント

　ここではまず、リスクマネジメントを実践する前に押さえておくべき3つのポイントについて説明する。前章で述べたとおり、本書ではリスクマネジメントを「リスクを全社的な視点で合理的かつ最適な方法で管理してリターンを最大化することで、企業価値を高める活動」と定義した。ただ、これだけではどのようにリスクマネジメントを実践すればよいかが曖昧である。そこで、実際にリスクマネジメントを実施する上で重要となる、以下の3つのポイントについて説明していく。

リスクマネジメント実践前の3つのポイント
①対象となるリスクの明確化
②活動目的の明確化
③管理方法の明確化

---

① 対象となるリスクの明確化

　まず大事になるのは、どのようなリスクを対象とするかということである。前章で定義したリスクマネジメントと同様に、この「リスク」に関しても、世の中に決められた定義は存在しない。そのため、「リスクとは何か」を決めるのは、リスクマネジメントを行う企業自身であり、企業はそれぞれに「リスク」を定義する必要がある。

　少し理論的に整理すると、リスクの定義は、以下の3つに分類される。

図表I-2-1 リスクの定義

	イメージ	特徴
第1の分類	プラスの影響 ↑ リスク マイナスの影響 ↓	リターンを増大させるために積極的にリスクテイクしていく ※本書で利用している定義
第2の分類	プラスの影響 マイナスの影響 ↓ リスク	従来より広く使われている定義
第3の分類	プラスの影響 — 別の名称で管理（機会等） マイナスの影響 ↓	企業の実務や組織の実態を考慮して採用されるケースが多い

出所）経済産業省経済産業政策局産業資金課編『先進企業から学ぶ事業リスクマネジメント実践テキスト—企業価値の向上を目指して』（財団法人経済産業調査会、2005年）を基に有限責任監査法人トーマツ作成

【第1の分類】

リスクを「プラスの影響とマイナスの影響のどちらも与える不確実な事象」と捉えるものである。これは、プラスとマイナスの双方を一元的に管理し、リターンを増大させるために積極的にリスクテイクするといった活動に結び付けやすい定義である。また、リスクマネジメントを積極的に実践する際に広く使われるものである。

【第2の分類】

リスクを「マイナスに影響する事象のみ」と考えるものである。プラスの影響を無視していることが、この分類の特徴である。これは、従来広く使われている定義であるが、リターンを増大させるための積極的にリスクテイクするといった活動には結び付きにくい定義である。

【第3の分類】

リスクを、「マイナスに影響する事象のみ」として考えるが、プラスに影響する事象についても考慮に入れる（別の名前をつけて管理する）点で、

第2の分類と異なる。本分類が活用される場面としては、例えば、よりプラスの影響を及ぼす可能性のある事象は経営企画部門で管理し、マイナスの影響を及ぼす事象についてはリスク管理部門で管理するというケースがある。この場合、所管を明確にしやすいことから、組織体の実態を考慮し実務で採用されることも多くある。

また、当該分類は、トレッドウェイ委員会組織委員会（Committee of Sponsoring Organizations of the Treadway Commission）の「COSO ERM」（COSO Enterprise Risk Management-Integrated Framework）でも同様のコンセプトが活用されており、ここでは、リスクを「ある事象が発生した場合、それが事業体の目的達成に悪影響を与える可能性のある事象」として、マイナスの影響を与える事象として定義している。一方で、プラスの影響を与えるものについては、「機会」という言葉で表現し、「ある事象が発生した場合、それが事業体の目的達成に好影響を及ぼす可能性のある事象」として定義している。

以上のように、リスクマネジメントで管理対象とするリスクの種類は何なのか、ということを明確にする必要がある。同時に、リスクの種類を決めるなど、そのリスクをどこまでの範囲で管理対象とするのかについても明確にしておく必要がある。

なお、本書では、前章で触れた『実践テキスト』と同様に、リスクを「組織の収益や損失に影響を与える不確実性」（第1の分類）と定義する。

② 活動目的の明確化

次に、重要となるのは、なぜリスクマネジメントを実施するのか、つまり活動の目的を明確にすることである。企業がリスクマネジメントを行う目的は各社様々だが、おおむね以下のような点が共通事項として考えられる。

◎ 企業価値を高めるため
◎ 企業資産を保全するため

◎ 事業を継続するため
　◎ ステークホルダーからの信頼を維持するため

③ 管理方法の明確化

　最後に、どのようにリスクを管理していくのかを明確にする必要がある。これは、②のリスクマネジメントの活動目的によって異なってくるが、一般的には、以下のような方法が考えられる。リスクマネジメント活動により当初予定していた目的を適切に達成するために、これらのいずれかの方法を採用することが重要である。
　◎ 全社的な視点で一元管理する
　◎ 全社員の意識を向上させ、1人ひとりがリスクを管理する
　◎ 各事業部門が、事業計画と連携して管理する

2 リスクマネジメントの全体像を把握する

　本節では、リスクマネジメントの全体像を概観していただくため、大きく5つの項目に分けて解説する（なお、リスクマネジメント実務の詳細は、**第Ⅱ部**でブレークダウンして解説する）。各項目の概要は、下記の**図表Ⅰ-2-2**のとおりである。

図表Ⅰ-2-2 リスクマネジメントの全体像を把握するための5項目

項　目	概　要
①基本方針の策定	企業として進みたい方向を明示する
②基本計画の策定	優先順位を決め、計画をたてる
③対策の実施	計画に基づき具体的な対策を講じる
④モニタリング	活動が形骸化しないためにチェックする
⑤是正・改善	活動の結果、発見された問題を解決する

出所）有限責任監査法人トーマツ作成

① 基本方針の策定

　基本方針の策定は、企業として進みたい方向を明示することである。本書で説明している全体最適型のリスクマネジメントは、全社が一丸となって取り組む活動である。そのためには、経営者の考え方を、できるだけシンプルに全社員に伝えることが重要である。経営者が適切なメッセージを発信し、会社の向かうべき方向を周知徹底している会社は、そうでない会社と比較して末端にいる社員の動き方がまったく変わってくる。さらに、基本方針が明確であることは、社員だけでなく社外のステークホルダーからみても印象が良い。

　この基本方針に必要な要素として、次の2つをあげることができる。それは「目的」と「行動指針」である。「目的」は何のためにこの活動を行うか、「行動指針」は何をしてほしいのか、とそれぞれ言い換えることができる。

　「目的」は前述したリスクマネジメントの「活動目的の明確化」と同様に、以下のようなものが考えられる。

【目的】
◎ 企業価値を高めるため
◎ 企業資産を保全するため
◎ 事業を継続するため
◎ ステークホルダーからの信頼を維持するため

一方、「行動指針」は以下のようなものが考えられる。

【行動指針】
◎ リスク情報は迅速に報告し共有化する
◎ １人ひとりがリスクを管理する意識を持つ

② 基本計画の策定

　基本方針だけでは実際に行動することができないため、行動を起こすための事前準備として計画が必要となる。計画の策定にあたり重要なことは、企業が直面している無数のリスクのうち、どれから対応するのかという優先順位を決めることである。リスク対策には場合によっては膨大な時間と人手と費用がかかる。企業が、直面しているあらゆるリスクに万全の対応を行うことは、現実的に不可能である。仮にすべてのリスクに万全の対応をしようとすれば、企業は経営資源を使い果たし、倒産するだろう。そのような事態を避けて合理的にリスクマネジメントを行うためには、優先順位が不可欠である。「自社が直面しているリスクは何か」「その中で優先して対応すべきリスクは何か」、これを自問自答することが重要である。優先順位をつけるためにすべきことは、リスクを識別し、一定の基準で評価することである。

　次に、優先順位の高いリスクに対しては、「戦略」「目標と対策の概要」「期限」を決定する必要がある。

【戦略】

戦略には、(1) 回避、(2) 低減、(3) 移転、(4) 受容の4パターンがある。各項目の対応方法は、下記の**図表Ⅰ-2-3**のとおりである。

図表Ⅰ-2-3 基本計画の策定

回　避	リスクの原因となる活動を見合わせる、または中止すること
低　減	内部統制などの導入によりリスクの発生可能性や発生した場合の影響度を低くすること
移　転	リスクの全部または一部を組織の外部に転嫁することで影響を低くすること
受　容	対応策をとらずにリスクを受け入れること

出所）有限責任監査法人トーマツ作成

(1) 回避

回避とは、リスクの原因となる活動を見合わせたり、中止することである。例えば、将来的に企業に損失を与える可能性のある事業や部門を売却するというような対応が、これに該当する。

(2) 低減

低減とは、内部統制などの導入によってリスクの発生可能性や発生した場合の影響度を低くすることである。例えば、購買業務には、担当者が取引先と癒着して横領を行うなどといったリスクがある。その対策としては、請求内容のチェックを別の部署で行うというルールが守られているかどうかを監査するなどの内部統制の構築が考えられる。

(3) 移転

移転とは、リスクの全部または一部を組織の外部に転嫁することで影響度を低くしておくことである。例えば、地震保険に入ることで、地震発生時の保険金により損害を減少させるというケースがある。これは、保険料

というコストを負担することでリスクが発現した場合の損害額を保険会社に負担（移転）させているということになる。

(4) 受容

受容とは、特別な対応策をとらずにリスクを受け入れることである。リスクが発生したときの損失が、リスク対策にかかるコストよりも少なければ、企業はそのリスクを受け入れることができる。例えば、財務状況が悪化しつつある得意先との取引を当面継続するというケースである。債権の回収ができないというリスクがあったとしても、その取引が企業にとって事業活動を続ける上で不可欠な場合などには取引を継続するという判断もあり得る。

図表Ⅰ-2-4 リスクへの対応パターン

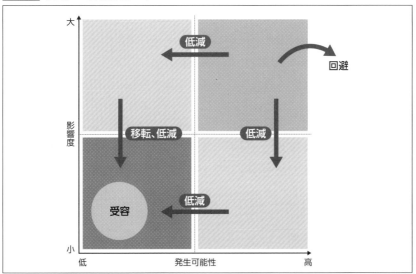

出所）経済産業省経済産業政策局産業資金課編『先進企業から学ぶ事業リスクマネジメント実践テキスト―企業価値の向上を目指して』（財団法人経済産業調査会、2005年）を基に有限責任監査法人トーマツ作成

【目標と対策の概要】

ここでは、達成すべき目標と対策の概要を決定する。対策は選択する戦略の種類によって異なる。例えば、戦略で「低減」を選択した場合であれば、対象となるリスクに関するルールを定め、周知徹底するといった活動が計画される。同様に「回避」であれば、事業からの撤退等を計画することになる。

【期限】

最後に、対策が完了するまでの期間を見積もる必要がある。通常であれば、1年以内に対策を完了させるために、「ルールの策定に6か月」、「周知徹底に6か月」などの期間を設けることが多いが、場合によっては2〜3年の計画となることもある。

③ 対策の実施

基本計画段階で優先順位が高いとされたリスクに対して、具体的な対策を講じる。基本計画で識別したリスクを細分化し、アクションプランを立案して実行していく。本書では、リスク対策の実施として、「低減」戦略をとることを前提としている。「回避」は、経営上の意思決定であり、事業の撤退という意思決定がされた後は、経営企画部門などが撤退に向けたプランを作成することになるが、本書ではこの説明は割愛する。「移転」に関しても、適切な保険商品の選定などが考えられるが、こちらも本書では割愛する。また、「受容」という戦略を選択した場合には、そもそも対応の必要はない。

リスクの細分化の例として、基本計画の中で「情報漏えいに関するリスク」というものが認識された場合、この内容では、リスクに関連する業務を担当している現場の社員が、それが具体的にどのようなリスクであるかをイメージすることが難しい。そのため、より詳細なリスクとして、「保管された書類から情報漏えいするリスク」、「電子データが漏えいするリスク」といったように、リスクを細分化する必要がある。

④ モニタリング

　いかに優れた計画を策定しても、実際に実行されなければ意味がない。そこで、活動が形骸化してしまうことを防ぐためには、モニタリングを行うことが非常に重要である。このモニタリングには、リスクマネジメントを遂行する執行側が自ら行うモニタリングである「自己評価」と、リスクマネジメントの仕組み全体を客観的にチェックする「リスクマネジメント監査」の2種類がある。この2種類には、それぞれ以下のような特徴があり、効果的なモニタリングを実施するためには、この2つを組み合わせて実施する必要がある。

【自己評価】

　自己評価とは、業務の一環として日常的に実施するモニタリングということもできる。例えば、リスクを一元管理する部門が、各部門・部署によるアクションプランの立案や対策の進捗状況などをチェックする。また、各部門・部署がリスク対策の効果を測定することもある。自己評価には、執行側の責任感を高めることができるというメリットがある一方、モニタリングの客観性が阻害されるというデメリットもある。

【リスクマネジメント監査】

　リスクマネジメント監査は、客観性を保つため、執行から独立した第三者（監査部門等）によって実施される。この監査は、経営者の代わりに実施するものである。ここでは、経営者の視点で、経営者が期待したとおりの活動が行われているかを確認する。通常、モニタリングの結果は経営者に直接報告される。また、この監査では、自己評価の状況についても確認することが一般的である。

⑤ 是正・改善

　モニタリングで発見された問題は、是正・改善する必要がある。特に、外部環境・内部環境が激しく変化する近年では、リスクマネジメントシステムの見直しは必須である。外部環境・内部環境の変化はリスクの重要度に影響を与える。計画立案時にはそれほど重要ではないと考えていたリスクが、期中や期末に急に重大なリスクになっている、といった場合も考えられる。また、実際にリスク対応をしてみると、現状の体制ではうまくいかずに体制変更を検討しなければならないということもある。

　是正・改善の対象となる問題点には、自己評価の結果からみつかるものと、リスクマネジメント監査の結果からみつかるものとがある。これはいずれも、経営者へ報告する必要がある。経営者は、モニタリング結果を確認し、自社のリスクマネジメントの取り組みが期待したとおりに行われているかのレビューを行う必要がある。もし、従業員の動きが悪いようであれば、体制変更などを検討する必要がある。また、経営環境の変化によって、対応の優先度が上がるリスクや体制の変更を余儀なくされる場合もある。これらの状況には、経営者のリーダーシップの下で対応する必要がある。是正・改善は、問題が発生した直後に行うのが理想である。しかし、常時監視して問題を発見し、改善を行うのは、現実的には困難である。一般には、定期的（モニタリングでの問題発見後30日以内や、半期ごと、四半期ごと等）、または、緊急事態の経験後のタイミングで是正・改善している企業が多い。

3 リスクマネジメントとクライシスマネジメントの違い

　「リスクマネジメント」と「クライシスマネジメント」は、意味合いが混同されたまま使用されているケースが多くみられる。しかし、リスクマネジメントは「潜在的なリスクの発現可能性を低減させる活動（事前予防のための活動）」、クライシスマネジメントは「顕在化したリスクであるクライシスの影響を低減させるための活動（事象が発生した後（事後）の活動）」であり、両者の意味するところはまったく異なる。リスクマネジメントは、

いわば「転ばぬ先の杖」であり、危機的な状態に陥る前に対策を講じるという予防的な側面が強い。一方、クライシスマネジメントは、転んでしまった後、すばやく立ち上がり、これまでと同様に歩き始めるための対応を指す。これらを合わせて広義のリスクマネジメントと捉える場合もあるが、本書では、リスクマネジメントとクライシスマネジメントは区別して考えることとする。

第3章 リスクマネジメントのガイドライン

本章では、リスクマネジメントを実践する際の参考となる、「ISO31000」と「COSO ERM」について説明する。

1 グローバルスタンダードは確立されていない

リスクマネジメントの実践におけるグローバルスタンダードは確立されていない。それは**第1章**でも述べたように、世の中で認められたリスクマネジメントの定義が存在しないことと同じである。その理由は、繰り返しになるが、リスクマネジメントは個々の組織によって、その目的・管理対象、管理方法が異なるためである。

しかしながら、ISO31000はリスクマネジメントにおける国際規格であり、リスクを運用管理するための枠組みを紹介している。また、COSO ERMはリスクマネジメントに関する考え方、ガイダンスとして、国際的に広く活用されている。

2 ISO31000

「ISO31000」は、Risk Management Principles and Guidelines（リスクマネジメント－原則および指針）といい、2009年11月にISO（国際標準化機構）によって発行されたリスクマネジメントの国際規格である。

前章で解説したリスクマネジメントの全体像は、ISO31000では以下のような図で提示されている。

図表Ⅰ-3-1 リスクを運用管理するための枠組みの構成要素間の関係

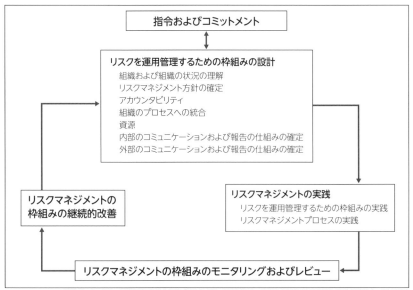

出所）リスクマネジメント規格活用検討会編著『ISO31000：2009リスクマネジメント解説と適用ガイド』（日本規格協会、2010年）

　ISO31000は、前述のリスクを運用管理するための枠組みをそのまま構築することを強制するものではなく、組織内に効果的にリスクマネジメントを定着、浸透させるために、既存のマネジメントサイクルの中にリスクマネジメントの考えを取り込むことを推奨していることが特徴的である。

3 COSO ERM

　「COSO ERM」とは、COSO（トレッドウェイ委員会組織委員会）により、2004年9月に公表されたリスクマネジメントに関する考え方、ガイダンスである。

　COSO ERMが公表された当時、経営者・管理者の共通認識といえるようなリスクマネジメントの考え方は存在していなかった。こうした状況を踏まえ、経営者・管理者が共有し得るリスクマネジメントの考え方、ガイダンスを提供することを目指して、発表されたのがこのフレームワークである。COSO ERMは、従来公表されていた「COSO内部統制フレームワー

ク」の概念を拡張し、発展させたものであるといわれている。内部統制よりも広範囲の領域を対象とし、よりリスクに着目したフレームワークとなっている。

COSO ERMにおけるリスクマネジメントの定義は、以下のとおりである。

> ERMは、事業体の取締役会、経営者、その他の組織内のすべての者によって遂行され、事業体の戦略策定に適用され、事業体全体にわたって適用され、事業目的の達成に関する合理的な保証を与えるために事業体に影響を及ぼす発生可能な事象を識別し、事業体のリスク選好に応じてリスクの管理が実施できるように設計された、一つのプロセスである。

(COSO「Enterprise Risk Management - Integrated Framework Executive Summary (要約篇)」より抜粋)

本書のリスクマネジメントの定義と共通する内容であるが、COSO ERMで「事業体の目的の達成に合理的な保証を提供するものである」と定義している部分を、本書では「リターンを最大化することで、企業価値を高める活動」とし、より踏み込んだ活動としている。

図表Ⅰ-3-2 COSO ERMの「4つの目的」と「8つの構成要素」

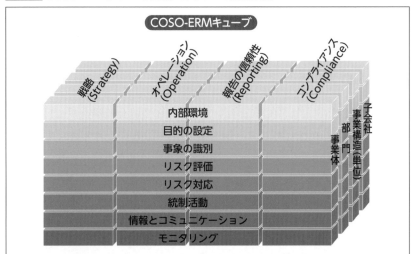

出所) the Committee of Sponsoring Organizations of the Treadway Commission, "Enterprise Risk Management – Integrated Framework Executive Summary", September 2004

図表Ⅰ-3-2は、COSO ERMによる「4つの目的」と「8つの構成要素」を表したものである。COSOの「Enterprise Risk Management - Integrated Framework Executive Summary」では、それぞれの構成要素が、以下のように定義されている。

■ 内部環境
内部環境は、組織の気風を組み込み、リスクを事業体の人々がどのように捉えて対処するかということについての基礎を構築する。その中にはリスクマネジメントの考え方、リスク選好、誠実性、倫理観、ならびにその中で構成員が業務活動を行っている環境などが含まれている。

■ 目的の設定
経営者が目的の達成に潜在的な影響を及ぼす事象を識別する以前に、目的は存在していなければならない。ERM は、経営者が目的を設定するプロセスをきちんと持つこと、およびその選ばれた目的が事業体のミッションを支援し、ミッションの方向性と合致して事業体のリスク選好とも整合性が取れていることを保証するものである。

■ 事象の識別
事業体の目的達成に影響する、事業体内部と外部の事象は、リスクなのか事業機会なのかを識別されなければならない。事業機会は、経営者の戦略や目的の設定プロセスにフィードバックされることになる。

■ リスクの評価
リスクをどのように管理するかを判断する基礎として、発生可能性と影響度を考慮しながらリスクが分析される。リスクは、そのリスクが本来持つ固有ベースと残余ベースで評価される。

■ リスクへの対応
経営者は、リスクの回避、受容、低減および共有などのリスク対応策を選択し、事業体のリスク許容度およびリスク選好とリスクとの方向性が合致するように、一連の活動を選択する。

■ 統制活動
リスク対応策が有効に実行されることを保証する手助けとして方針や手続が設定され、実施される。

> **■ 情報と伝達**
> 関連する情報が認識、捕捉され、人々が自分達の実行責任を全うできるようなやり方や時間枠で伝達される。広い意味での有効なコミュニケーションは、事業体の上から下へ、水平に、下から上へとどの方向にも流れるものである。
>
> **■ モニタリング**
> ERMの全体はモニターされ、適宜補正されている。モニタリングは、継続的な経営活動、独立した評価、あるいはその両方で遂行される。

(COSO「Enterprise Risk Management - Integrated Framework Executive Summary（要約篇）」より抜粋)

　現在では、すでに多くの上場企業が内部統制報告制度（日本版SOX）への対応を進め、その必要性と効果を実感している。それと同時に、内部統制報告制度への対応を発展させる形でCOSO ERMの導入を進める日本企業が増えてきており、有力なリスクマネジメントのフレームワークの1つとなっている。

第Ⅱ部
潜在的なリスクへの対応

 日常的なリスクマネジメント業務サイクルは、「リスクの識別」→「リスク評価」→「対策」

 主なリスク識別手法は、「アンケート方式」と「インタビュー方式」、現場の担当者自身が評価に参加する「CSA方式」

 リスク評価の手法は「定量的評価」と「定性的評価」

 対策は、全社的な視点に立ち、費用対効果を考慮した上で選択

 リスクマネジメントを評価・是正・改善し、業務の形骸化を予防

 リスクマネジメント監査は、経営者の視点で実施

第1章 リスクマネジメントの実務を知る

1 リスクマネジメント業務の全体像をつかむ

■リスクマネジメント業務の全体像

　第Ⅰ部でも述べたように、リスクマネジメントとは、経営者、リスク管理部門、各部門・グループ会社のそれぞれが連携しながら、グループ全体でのリスク管理を有効に機能させるための活動にほかならない。

　この活動を有効に機能させるためには、下記の**図表Ⅱ-1-1**で示すような有効なリスクマネジメント態勢の構築が必要となる。

　実務上は、これらの活動を適切に業務へ組み込むことが特に重要となる。本章では、下記の**図表Ⅱ-1-2**で示すように、リスクの識別、リスクの評価（評価と測定）、対策（対応・コントロールの設計・導入・テスト・モニタリング・報告）といった日常的な業務サイクルと、リスクマネジメント評価、リスクマネジメント監査といった有効な仕組みについて解説する。

図表Ⅱ-1-1 有効なリスクマネジメント態勢の全体像

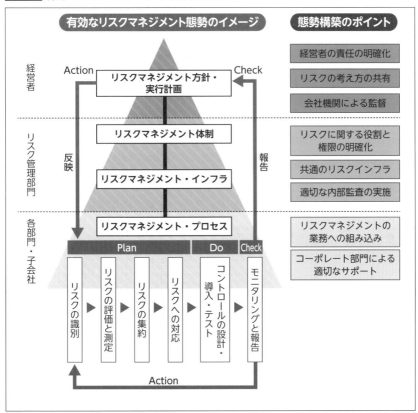

出所）有限責任監査法人トーマツ作成

図表Ⅱ-1-2 リスクマネジメント業務の全体像

```
        Action                                Check
          ┌──── リスクマネジメント方針・ ←────┐
          │      実行計画                    │
          │                                  │
   反映   │     リスクマネジメント体制        │  報告
          │                                  │
          │     リスクマネジメント・インフラ  │
          │                                  │
          ↓     リスクマネジメント・プロセス  │
     ─────────────────────────────────────────────
        Plan              Do            Check
     リスク → リスク → リスク → リスク → コント → モニタ
     の識別   の評価   の集約   への対応  ロールの  リング
              と測定                     設計・    と報告
                                         導入・
                                         テスト
     ⎣─2 リスクを  ⎣─5 リスクを  ⎣───8 リスクへの対策を
        識別する      評価する         実施する

                         Action
              9 リスクマネジメントを評価する
              11 リスクマネジメントの是正・改善を行う

                                              13 リスクマネジメントの監査を行う
```

図表中の数字は、それぞれの項目について解説した本章の節番号を示している。

出所）有限責任監査法人トーマツ作成

2 リスクを識別する

■リスク識別プロセスでは何を行うか

　経営環境が複雑化する昨今のビジネス環境においては、自社を取り巻くリスクは広範囲にわたっており、その影響も様々である。リスクを網羅的に識別するには膨大な労力がかかり、些末なリスクに焦点を当てるような事態に陥っては、リスクマネジメントの本質を見失ってしまう。このため、リスクの識別においては、一定程度の網羅感を保ちながら、その中から重

要リスクを特定する、という姿勢が肝要である。本節では、一定の網羅感を持ったリスクの識別方法について説明する。

■リスク識別の主な方法

リスクを識別する方法の代表的なものとしては、アンケート方式、インタビュー方式、CSA方式の3つがあげられる。各方法の詳細は下記の**図表Ⅱ-1-3**のとおりである。なお、CSA方式については後述する。

図表Ⅱ-1-3 主なリスク識別方法

	アンケート方式	インタビュー方式
概　要	調査票（アンケート用紙）への回答を求め、その結果を統計処理しリスクを把握	対面で意見を出し合うことでリスクを把握
実施方法	アンケートの回答者、実施部門、実施ツールは各企業で最適なものを選択 ○全社的にリスクマネジメントの意識が高い企業では、管理職層のみならず一般職層の従業員も回答者に設定 ○調査票を紙媒体とするか電子媒体とするか等のツール選択も、組織風土に合わせて回答者がより充実した回答をしやすいよう配慮	最も有効な活用方法は、アンケート等他の手段との併用 ○アンケートにより得た情報を基に、さらに必要な情報を引き出したり、回答の意図を確認
メリット／デメリット	メリット ○各部門・部署からリスクに関する情報を同一の形式で収集できるため、調査対象が多い場合に有効	メリット ○当事者の意識の向上 ○リスクの捉え方、言葉の定義等につき各々の認識の相違が浮き彫りになる ○特定人、特定部門のみがリスク情報を持っていることもあるため、参加者の設定次第では、他の手段で取りこぼしていた重要なリスクの識別に貢献 デメリット ○時間と手間がかかるため、短期間で多部門の調査をする場合には不向き

出所）有限責任監査法人トーマツ作成

■リスク識別の視点と範囲

リスクの有無や大小は相対的なものであるため、様々な角度から検討、識別を行うべきである。これにより、ある観点からは対応の優先度が低いと思われるリスクしか識別できなくても、他の観点からみた場合には優先

度が高いリスクが存在していた、といった事態を避けることが可能となる。そのため、どのような視点でリスクを識別するかは、実務の面で非常に重要なポイントとなる。

第Ⅰ部で述べたように、リスクの定義は企業によって様々であるが、仮に「企業の経営目標実現に対してプラスまたはマイナスに働くもの」とした場合、まず会社全体の経営戦略や事業戦略に潜むリスクを大局的に識別した上で、機能別の組織体制や業務プロセスに潜むリスクに目を向けていく段階的なアプローチが有効である。

図表Ⅱ-1-4 企業分析を用いたリスク識別のイメージ

	会社分析	機能分析	評価・集約
概要	○会社単位で分析を行い、会社をとりまく環境の概要および大局的なリスクを把握する	○機能に関係する詳細なリスクを把握し、全社リスクとして一覧化する	○リスクの評価を行い、重要リスクを識別する
実施事項例	○外部環境分析（業界トピック／リスク事例等の把握） ○内部環境分析、（経営環境／リスク事案等の把握）	○詳細な組織図／規程類／フローチャート等の閲覧	○重要リスクの評価

出所）有限責任監査法人トーマツ作成

また、重要リスクを漏れなく抽出するためには、アンケートやインタビューといったボトムアップ的なアプローチだけでなく、体系的なリスク一覧に基づくトップダウンアプローチも組み合わせるべきである。

3 リスク識別の実務① ボトムアップアプローチとトップダウンアプローチ

■リスク調査票の事例紹介
　① リスク調査票の目的
　抽出されるリスクは、土台となる調査票の出来次第ともいえる。リスク調査票の目的は、一元的な解釈の下で、(1) 網羅的に、(2) 重要なリスクの識別をすることにある。調査票は、リスクマネジメント実施者と回答者の貴重なコミュニケーション手段でもあり、スムーズな回答を得るための鍵となる。

　② 目的を達成するための項目設定
　調査票の目的を実現するには、明確に定義された言葉を用いて、以下のような項目を含めべきである。
　(1) 網羅性の観点：リスクの内容、損害や影響の程度など
　(2) 重要リスクを洗い出すという観点：リスクに影響する要因、コントロールの状況など

　これらの項目を盛り込んだ代表的な調査票には、下記の**図表Ⅱ-1-5**のようなものがある。

図表Ⅱ-1-5 リスク調査票の例

リスク名				部門	
リスク種類 （1つに○を）	財務、人命、業務影響、環境、評判			回答者	
発生頻度		影響度		回答日	
リスクの事象	想定されるシナリオと最悪のケース					
損害と影響	影響する部門・機能・範囲や過去の発生データ					
発生要因	発生に至る内的要因・外的要因					
現在の コントロール	リスク対策の内容		規程の機能状況		評　価	
今後必要な コントロール	アクション案			スケジュール		
モニタリング						

出所）経済産業省経済産業政策局産業資金課編『先進企業から学ぶ事業リスクマネジメント実践テキスト―企業価値の向上を目指して』（財団法人経済産業調査会、2005年）

■リスク一覧の事例紹介

① リスク一覧の必要性

　識別したリスクの網羅性の高めるためには、一覧表を利用することが効果的である。リスク一覧を用いることで、前述のアンケートやインタビューで拾い損ねたリスクを拾える可能性もある。

② リスク一覧の事例

　サンプルリスク一覧を用いることで、自社および自部門にはダイレクトに該当しないリスクであっても、それらを端緒に、自社・自部門に該当す

るリスクを発見できることもある。以下にリスク一覧の例をあげる。

◎ **外部環境**
・**自然災害・事故**：自然災害、天候不順
・**事故・犯罪**：電力等公共サービス停止、犯罪、事故
・**国レベルの紛争・混乱**：戦争・紛争、インフレ・通貨危機、政変…

これは様々なリスクのごく一部ではあるが、このように一般的に想定されるリスクを列挙した一覧は、自社にとっての重要なリスクは何かを検討するための材料となる。

③ トーマツ（Deloitte）のリスクインテリジェンスマップ™

リスクインテリジェンスマップ（以下「RIM」）とは、トーマツ（Deloitte）の提供するノウハウの1つである。具体例は、下記の**図表Ⅱ-1-6**（48頁－49頁）を参照されたい。

RIMにおいては、個別リスクを最上位から、リスククラス、リスクカテゴリー、リスクサブカテゴリーに分類している。さらに、各サブカテゴリーには約600のリスクが詳細に記載されている。これらを参考にしながら自社向けにカスタマイズを行うことで、全社的な視点を失うことなく自社のリスク構造や具体的なリスクを把握することができる。

また、リスク分析の過程で重要リスクが含まれるサブカテゴリーに色付けをしていくと、どのリスクカテゴリー、リスククラスにリスクが偏在しているか、または横断的に分散しているのかが一目で認識できるようになる。また、グループ全体と個社でそれぞれRIMを用意することで、企業集団としてのリスク状況を把握するケースも増えている。

このようなツールを利用することにより、効率的かつ効果的にリスクを識別することはもちろん、可視化された全社リスクを経営者、管理職、担当者といった各階層間で、あるいは部門間で共有しやすくなり、リスクマネジメントにおける一体感の醸成にもつながっている。

第II部 潜在的なリスクへの対応

図表II-1-6　リスクインテリジェンスマップ（RIM）

リスクインテリジェンス

階層	G ガバナンス		S 戦略と計画				O	
第1階層（5項目）リスククラス	ガバナンス		戦略と計画					
第2階層（16項目）リスクカテゴリー	GC コーポレートガバナンス	GE 倫理観	SR 企業の責任と持続可能性（CSR）	SX 外部要因	SP 計画	SS 経営戦略	OA 会社資産	OF 財務と会計

第3階層（160項目）：リスクサブカテゴリー

GC	GE	SR	SX	SP	SS	OA	OF
GC-0100 取締役会の構造とリーダーシップ	GE-0100 経営者の倫理観	SR-0100 CSRに関する戦略	SX-0100 経済情勢と業界動向	SP-0100 中長期計画とシナリオプランニング	SS-0100 ビジョン、ミッション、価値観	OA-0100 施設と設備（有形固定資産）	OF-0100 資金調達
GC-0200 取締役会の有効性と情報共有	GE-0200 倫理・コンプライアンス体制	SR-0200 気候変動（地球温暖化）	SX-0200 金融および商品市場	SP-0200 業務計画	SS-0200 経営方針	OA-0200 無形資産	OF-0200 手元資金
GC-0300 報酬とインセンティブ	GE-0300 報酬とインセンティブ	SR-0300 エネルギー管理と代替エネルギー	SX-0300 地理的・政治的要因	SP-0300 業績管理	SS-0300 成長戦略	OA-0300 資産管理	OF-0300 与信
GC-0400 リスクマネジメント	GE-0400 倫理観の醸成	SR-0400 天然資源の利用	SX-0400 法令等	SP-0400 資本計画	SS-0400 イノベーションの欠如	OA-0400 資産の有効活用	OF-0400 金融資産投資
GC-0500 ステークホルダーとの関係	GE-0500 倫理・コンプライアンス研修	SR-0500 水資源の利用	SX-0500 企業間競争	SP-0500 事業継続管理（BCM）	SS-0500 M&Aと事業売却	OA-0500 資産に関する税務	OF-0500 年金
GC-0600 企業の責任と持続可能性（CSR）	GE-0600 倫理・コンプライアンスに関するモニタリングと監査	SR-0600 資源の枯渇	SX-0600 顧客の要望	SP-0600 ナレッジマネジメント	SS-0600 集中戦略	OA-0600 人的安全	OF-0600 保険とヘッジ（先物取引等）
GC-0700 財務報告の適正性	GE-0700 非倫理的行為の取扱い	SR-0700 廃棄物の削減とリサイクル	SX-0700 調達先、委託先、ジョイントベンチャー（JV）		SS-0700 ビジネスモデル戦略	OA-0700 物的保全	OF-0700 予算
	GE-0800 倫理・コンプライアンスに関する内部調査	SR-0800 生物多様性	SX-0800 信用格付け		SS-0800 顧客戦略		OF-0800 会計
	GE-0900 非倫理的行為に対する懲罰と再発防止	SR-0900 地域貢献	SX-0900 外部者による不正		SS-0900 価格戦略		OF-0900 税務
	GE-1000 倫理・コンプライアンスプログラムの評価	SR-1000 慈善活動	SX-1000 災害と壊滅的な損害		SS-1000 技術戦略		OF-1000 （内部）監査の品質
	GE-1100 非倫理的行為に関する報告	SR-1100 フェアトレードとその認証			SS-1100 提携戦略		
		SR-1200 CSRとプロジェクトファイナンス			SS-1200 アウトソーシング戦略		
					SS-1300 拡大企業体（Extended Enterprise）戦略		
					SS-1400 金融市場戦略		

第4階層（649項目）：個別リスク（例）

GE-1100 非倫理的行為に関する報告
- GE-1101 非倫理的行為の傾向を適切に把握、報告できない
- GE-1102 非倫理的行為の報告に関わる要員が不十分である
- GE-1103 重要な倫理違反に関して該当する外部ステークホルダーへの報告が不十分である

第1章 リスクマネジメントの実務を知る

業務運営と経営インフラ						コンプライアンス	開示と報告
OH	OI	OL	OD	OM	OS	CC	RR
人事施策	情報システム	法務	製品の開発	販売、マーケティングとコミュニケーション	サプライチェーン	コンプライアンス	開示と報告
OH-0100 企業文化	OI-0100 情報システム戦略（アーキテクチャ）	OL-0100 法令等の遵守	OD-0100 技術革新と研究開発	OM-0100 ブランディング	OS-0100 サプライチェーン計画	CC-0100 コンプライアンス尊重の文化	RR-0100 経営陣への報告
OH-0200 人事方針と手続	OI-0200 ITプロジェクトマネジメント	OL-0200 法的な記録や情報管理	OD-0200 製品設計や品質管理	OM-0200 マーケティング戦略	OS-0200 仕入	CC-0200 コンプライアンスに関する組織	RR-0200 会計基準と会計方針
OH-0300 組織構造	OI-0300 システム運用	OL-0300 企業体管理に関する法務	OD-0300 生産	OM-0300 市場調査	OS-0300 生産	CC-0300 コンプライアンスに関する方針と手続	RR-0300 財務情報の有用性
OH-0400 人材獲得ルートと採用	OI-0400 システムの問題管理	OL-0400 契約管理	OD-0400 検査	OM-0400 マーケティング活動	OS-0400 納品	CC-0400 コンプライアンスの周知徹底と研修	RR-0400 財務情報の開示
OH-0500 業績・人材管理と報酬	OI-0500 システム変更管理	OL-0500 倒産と企業再建	OD-0500 発売のタイミング	OM-0500 流通	OS-0500 返品	CC-0500 コンプライアンスに関するリスク評価	RR-0500 内部統制に関する監督官庁への報告
OH-0600 給与事務	OI-0600 IT資産管理	OL-0600 独占禁止法等	OD-0600 新製品の発売	OM-0600 販売戦略		CC-0600 コンプライアンスに関する統制活動とモニタリング	RR-0600 税務申告
OH-0700 研修と人材開発	OI-0700 システムの物理的セキュリティと環境対応	OL-0700 財務および会計に関する法務	OD-0700 製造物責任	OM-0700 広報活動（PR）		CC-0700 コンプライアンスに関する経営陣の責任	RR-0700 財務報告上の不正
OH-0800 福利厚生	OI-0800 情報セキュリティ	OL-0800 労働と雇用に関する法務	OD-0800 技術の陳腐化	OM-0800 顧客対応（カスタマーサポート）		CC-0800 コンプライアンスに関する報告	RR-0800 法令等に基づく報告
OH-0900 退職制度	OI-0900 個人情報保護とデータ保護	OL-0900 環境及び労働安全衛生（EH&S）と法務	OD-0900 代替品との競合	OM-0900 投資家向け広報活動（IR）		CC-0900 コンプライアンスに関する情報管理	RR-0900 サステナビリティ報告
OH-1000 労使関係	OI-1000 技術ライセンス管理	OL-1000 知的財産（IP）管理	OD-1000 製造販売停止と事業撤退	OM-1000 社内外への情報発信			RR-1000 組織内における報告体制
OH-1100 人事上の懸念事項	OI-1100 記録やデータの管理	OL-1100 個人情報保護に関する法令等		OM-1100 インターネット戦略と電子商取引			
	OI-1200 システムに関わる契約とアウトソーシング	OL-1200 訴訟および紛争の解決					
	OI-1300 情報システムと事業継続管理	OL-1300 不正対策					
		OL-1400 公的機関による調査					

49

4 リスク識別の実務② CSA を利用する

■ CSA とは

　CSA（Control Self-Assesment）とは、実際の業務を行うスタッフが自らリスクやリスク対策（コントロール）の評価を推進する方法である。CSAは、内部監査や外部監査のように独立した第三者が客観的にリスクやリスク対策（コントロール）を評価するのではなく、実際に業務を行っている担当者自身がリスクやリスク対策を評価することに特徴がある。ビジネスの大規模化・複雑化に伴い、内部監査の対象領域が拡大化・専門化する一方で、内部監査部門の資源には限界がある。そこで、内部監査を補足する手段として、CSAが活用されてきた。

■ CSA 導入のメリット

　CSAを導入することにより、以下のようなメリットが期待できる。そのため、CSAは、単に内部監査の補足手段としてだけではなく、組織全体のコントロールを強化させるためにも有効な手法と考えられる。

　　◎ 担当者自らが評価に関与することで、リスクやリスク対策（コントロール）への当事者意識を高め、責任感やアカウンタビリティを向上させる
　　◎ 担当者自らが課題を発見するため、是正措置にスムーズにつながる
　　◎ 担当者自らが評価を行うことで、第三者による評価よりも、より詳細で具体的な状況が把握できる

図表Ⅱ-1-7 CSA活用のイメージ

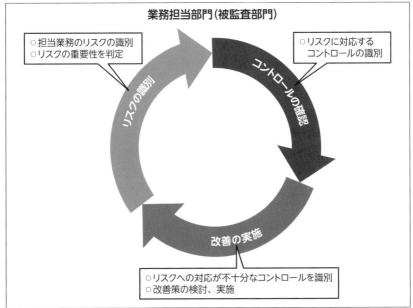

出所）有限責任監査法人トーマツ作成

■CSA をリスクの識別に利用する

　本節の冒頭で、CSAを主に内部監査の補足手段として紹介したが、このCSAはリスクマネジメントにおけるリスクの識別の際に利用することができる。すなわち、CSAを利用することにより、実際に業務を実施している担当者自身がリスクを考えることにつながり、組織のリスク把握能力の向上が期待できるのである。また、担当者自身が評価に参加することにより、リスク管理部門や内部監査部門などのCSA推進部門に多数のリスク評価者を抱えることなく、推進部門は純粋にプロジェクト管理部門の役割を果すこととなる。したがって、CSAを多数の部門、遠隔拠点を対象としたリスク評価に利用すると、効率的、効果的に実施することができるのである。

　担当者自身が評価に参加することにより、リスク管理部門や内部監査

部門などのCSA推進部門に多数のリスク評価者を抱える必要がなくなり、推進部門は純粋にプロジェクト管理部門の役割を果たすことができる。したがって、CSAを多数の部門、遠隔拠点を対象としたリスク評価に利用すると、効率的かつ効果的にリスクの識別を行うことが可能となる。

■CSAを用いたリスク識別・評価手法

CSAを利用したリスク識別・評価の具体的手法は、ワークショップやグループディスカッションによる「セッション型」と、アンケートやチェックリストを用いる「質問書型」に大別される。一般には、関連する担当者が参加し、ファシリテーターの進行の下でのディスカッションを通じてリスクを評価されるワークショップ形式がベストプラクティスとして普及している。ワークショップ形式では、参加する経営者・管理職・担当者によってリスクの識別が行われるため、リスク管理部門はファシリテーターとなり、対象となる事業やプロセスのリスクに関する事実の収集、意見の引き出しに注力できることがポイントである。また、ファシリテーターは、単に話し合いの場を提供することだけに終始しないよう、あらかじめリスク識別のヒントとなるツールを準備することが必要である。例えば、前述のRIMを利用することも有用である。

5 リスクを評価する

■リスク評価基準の必要性

① リスクマネジメント態勢構築のための判断基準

リスク評価とは、網羅的に識別されたリスクの中から、会社として何が重要なリスクであるかを特定し、リスク対策のための資源投入を最適化するためのプロセスである。したがって、部分最適とならないよう、リスクマネジメント関与者全員にとって納得のいく評価基準を設定する必要がある。

■ リスク評価基準の考え方
　① 影響度と発生可能性
　リスク評価基準の考え方の1つとして、影響度と発生可能性のかけ算によって評価する方法がある。これはリスク発現の期待値による評価であり、金銭等の定量的評価が可能となる。発生可能性の例としてリスクが発現する「頻度」があげられるが、「頻度」は各企業が属する事業のサイクル期間を考慮して算出する必要がある。

　② 影響度と脆弱性
　①の「発生可能性」による評価は、リスク評価基準として以前から主流となっているが、現在は「脆弱性」による評価も注目されている。「脆弱性」とは、あるリスクに対して、どの程度管理ができているか、という管理体制に着目した判断基準である。「脆弱性」が注目される理由として、発生可能性は低いが、発生した場合の影響が大きいリスクが存在するからである。例えば、2011年に発生した東日本大震災のようなリスクは、発生した場合には甚大な影響を及ぼすが、「発生可能性」としては数百年に1度であるため、①の評価基準ではリスクは過小評価されてしまうことになる。

図表Ⅱ-1-8 リスク評価軸のパターン

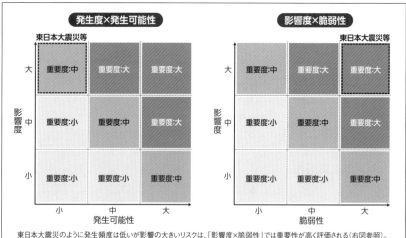

東日本大震災のように発生頻度は低いが影響の大きいリスクは、「影響度×脆弱性」では重要性が高く評価される（右図参照）。「影響度×発生可能性」と「影響度×脆弱性」のどちらの評価軸が優れているということはなく、企業のリスクの考え方に応じて選択する。

出所）有限責任監査法人トーマツ作成

■リスク評価における実務上のポイント

① 実務では「使いやすさ」が必要

　実務では、評価基準の「使いやすさ」を意識することが重要である。細かく評価することで厳密なリスク評価ができると考えることもできるが、一方で計算にコストがかかったり、作業者が判断を迷う場合も考えられる。リスク評価において重要なのは、リスクを細かく評価することではなく、あくまでも企業にとって何が重要リスクであるかを判断することである。評価の基準は、三段階または五段階が一般的ではあるが、単に「重要」か「重要ではない」かの二段階評価でも有効な評価は可能である。また、最初は二段階で評価し、リスクマネジメント態勢の高度化に合わせて評価基準を細分化し、より詳細なリスク評価を行うことも可能である。

② 評価と並行してリスクを「集約」する

　評価を進める中では、いったん網羅的に識別したリスクの内容をよく吟

味してみると、類似するリスクが少なからず存在するものである。その際は、類似リスクを1つのリスクに集約すると、効率的に実務を進めることができる。

6 リスク評価の実務① すべてのリスクの定量化を試みる

■定量的評価の特徴
① 定量的評価のメリット・デメリット
　リスクの定量的評価とは、リスクの影響度を量的基準で評価することであり、金額で評価するのが一般的である。この方法のメリットは、評価基準が明確であり、リスク間の比較がしやすくなるという点である。一方、デメリットとしては、影響度を定量的な算出が実務上困難である場合があるという点があげられる。リスクを定量的に算出することは可能であるが、そのために膨大なコストがかかるような場合も、実務上困難な場合といえる。

■定量的評価の実務
① 評価基準の例
　定量的評価の基準例として、経営指標として一般的に用いられている経常利益への影響で評価するケースがある。経常利益は、あらゆる企業が持つ経営指標であるため、これを利用することは可能である。その他、重要業績評価指標（KPI）を設定している場合は、KPIへの影響を基準とした評価も可能である。評価基準は決まった形式があるわけではないが、各企業が自社に合うものを選択するのが好ましい。

② 影響度の算出方法の例
　影響度の算出方法として、統計数理分析、シナリオ分析等を用いて影響額を算出することが考えられる。高度な分析技法を用いて、すべてのリスクの定量化を行うことは不可能ではないが、自社内に高度な知識を有する者がいるケースはまれであり、実務的には困難が想定される。統計数理分

析やシナリオ分析を行う場合も、いたずらに厳密性を求めるのではなく、まずは単純化したケースを想定して分析を行うことが、実務上は好ましい。

7 リスク評価の実務② 定性的な評価も有意義である

■定性的評価の特徴
① 定性的評価のメリット・デメリット

　リスクの中には定量的に評価することが難しいものがある。一般的に経営資源は「ヒト・モノ・カネ」といわれ、近年では「レピュテーション」を含めて経営資源と考える場合もある。これらのうち、ヒト、モノ、レピュテーションについては金額的な評価が難しく、また、必ずしも金額的な評価が有効ではない場合もある。例えば、企業ブランドを著しく傷つける事故が起こった場合、レピュテーションが毀損し、企業が倒産するケースもある。このような場合、レピュテーションの毀損を金額算定することよりも、レピュテーションが重要資産であるという認識をすることが重要であろう。そのため、ヒト、モノ、レピュテーション等の経営資源に関しては、定性的な評価が有意義な場合が多い。

■定性的評価の実務
① 評価基準の例

　定量的評価の場合には、影響度の大小で評価することができるが、定性的評価の場合は、対象とする経営資源ごとに評価基準を設定する必要がある。例えば、ヒトの場合は「業務を遂行できるか」、モノの場合は「その資源が利用できるか」、レピュテーションの場合は「業務を継続できるか」といった基準でそれぞれ評価することが考えられる。定性的評価の場合は定量的評価よりも企業ごとの判断が必要となるため、リスクマネジメント関与者が納得できる基準であることが必要になる。

② 定量的評価との整合性

　定量的評価と定性的評価という異なる軸で評価する場合、定量的評価と

定性的評価の整合性を検討する必要がある。また、定性的評価の場合はヒト、モノ、レピュテーション等重要資産ごとに評価するため、各評価基準を整合させる必要がある。例えば、定量的評価と定性的評価をともに三段階で評価し、各段階の対応表を作成することなどが有効である。異なる基準を整合させるため、各段階評価の対応については慎重に検討する必要がある。

図表Ⅱ-1-9　リスクの定量評価と定性評価の組合せ（例）

リスク（例）	定量的評価	定性的評価		
		ヒト	モノ	レピュテーション
金利の上昇により、借入金利息の負担が増加するリスク	影響度 大 借入金への依存が高く影響が大きい	影響なし	影響なし	影響なし
不良品が出荷されるリスク	影響度 小 商品の価格は安いため、返品・交換のコストは小額である	影響度 大 クレームへの対応で従業員が疲弊する	影響度 大 不良品の発生により出荷数が減少し生産設備の価値が毀損する	影響度 大 不良品によりブランドイメージが毀損する

定量的評価と定性的評価で評価結果が異なる場合がある。定量的評価と定性的評価の組み合わせで評価を実施することが有効である。

出所）有限責任監査法人トーマツ作成

8　リスクへの対策を実施する

■リスク対策の検討アプローチ

① リスク戦略の策定

　リスク対策を検討する前に、そもそも識別した重要リスクをどのように取り扱うべきかを決定し、対策の検討対象を絞り込む必要がある。その際のよりどころとなるのが、企業の「経営方針」や戦略と合致した「リスク戦略」である。

　リスク戦略は、識別した重要リスクを、その特性に応じて受容・保有・移転・低減等の対応方針を採用すべきかについて判断基準を提供する。

図表Ⅱ-1-10 リスク戦略の例

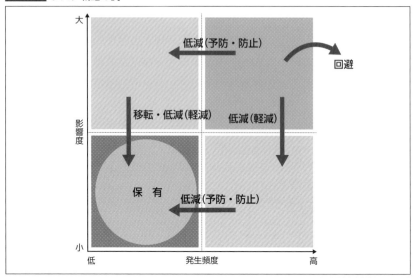

出所）有限責任監査法人トーマツ作成

② 対処すべきリスクの絞り込み

リスク戦略に基づいて重要リスクへの対応方針を決定した後、主にリスクを「低減」するとしたものについて、具体的な対策を検討することとなる。

③ リスクマネジメントプログラムの策定

対処すべき重要リスクを特定した後、個々の重要リスクに対して具体的な対策を立案し、費用対効果の観点から実行計画へと落とし込む。

その際、個々の対策を立案するだけでなく、複数のリスクに共通の原因を探り、根本的な対策を立案する問題解決アプローチをとることが、費用・効果の両面から非常に重要である。また、結果としてリスク対策に必要なコストが効果を上回る場合には、この段階で重要リスクへの対応方針を見直すべきである。

■ リスク対策の事例紹介
　① **リスクマネジメントプログラムの事例**
　リスクマネジメントプログラムに含まれるべき主要な項目としては、以下の4つがあげられる。
　　(1) 構造的なリスクの原因分析と対策
　　(2) リスク対策スケジュール
　　(3) 利用する経営資源（コスト）
　　(4) 評価指標

(1) については、重要リスクの発生原因を段階的に要素分解し、真の原因を特定するとともにその原因を取り除くための根本的解決策を立案する姿勢が求められる。
(2) については、各対策を確実に前へ進めるためのマイルストーンを設定し、まずマイルストーン達成に向けた詳細タスクとスケジュールへと落とし込む。
(3) については、各タスクを遂行するのに必要となるヒト・モノ・カネを整理し、対策の推進責任者、投入コスト、効果を明確にする。
(4) については、各対策の結果指標と行動指標を設定する。
すなわち、これらの項目は、真に有効なリスク対策が着実に実行されるための土台となるものである。

　② **実務上のポイント**
ここまでは具体的なリスク対策を実行する過程について述べたが、一方で「対策しない」ことを決定したリスクについても、「モニタリングを続ける」というリスクマネジメントは必要である。これは、後述の「是正・改善」にもつながる。

9 リスクマネジメントを評価する

■リスクマネジメント評価の必要性

いかに優れたリスクマネジメントの仕組みやアクションプランを策定しても、継続的に実行されなければ意味がない。また、企業を取り巻く外的環境や内部環境が刻々と変化するにつれ、リスクマネジメントプログラムも陳腐化・形骸化しやすいことから、導入されたリスクマネジメントを定期的に評価し、弛まぬ改善を行うことが重要である。

■リスクマネジメント評価の分類

リスクマネジメントの評価には、「リスクマネジメントパフォーマンス評価」と「リスクマネジメントシステムの有効性評価」の二段階に分けて考える必要がある。リスクマネジメントパフォーマンス評価は、リスクマネジメントプログラムで策定された具体的な対策がどの程度実施されたかを評価することであり、その目的は不適合是正のためのトリガー機能を果たすことである。一方、リスクマネジメントシステムの有効性評価とは、リスクマネジメント基本目的やリスクマネジメントの目標を達成できたかという尺度で評価するものである。

このように、二段階に分けて考える理由は、個々の具体的な対策がすべて実行されていたとしても、目標が達成できていない場合があるためである。つまり、計画した対策がリスクに対して不整合または不十分であったり、環境の変化に対応できていなかったなどの理由により、パフォーマンス評価は有効であっても、リスクマネジメントシステムが有効でないと判断される場合があるため、二段階に区分して評価することで、具体的な改善措置につなげやすくするのである。

なお、それぞれの評価における目的・対象・実施時期は下記の**図表Ⅱ-1-11**のとおりである。

図表Ⅱ-1-11 二段階のリスクマネジメント評価

	リスクマネジメントパフォーマンス評価	リスクマネジメントシステムの有効性評価
目的	リスクマネジメントプログラムで策定された対策がどの程度実施されたかを評価することにより、不適合是正のトリガー機能を果たすこと	リスクマネジメント基本目的やリスクマネジメントの目標の達成度合いを管理すること
対象	・活動計画に対する対策実績（計画の実施程度） ・リスク対策を実施したあとのリスク算定 ※ただし、対策実行後のリスク算定は困難な場合や不要な場合もある	リスクマネジメントシステムの個別機能と全体機能を対象とする ・個別機能の有効性評価：個別に設定したリスクマネジメントの目標の達成度合を評価すること ・全体機能の有効性評価：全社で設定したリスクマネジメント基本目的の達成度合を評価すること
実施時期	計画時に評価時期をあらかじめ定めておき、その時期に実施する。対象となるリスクの発生頻度、影響度および変化の度合いを考慮して時期を設定する	・定期的なリスクマネジメントシステム監査結果を受けて実施する組織の最高責任者レビュー時 ・リスクマネジメントシステムに疑義が生じたとき ・自らの企業や他企業でリスクが発現し、重大な被害を受けたとき

出所）経済産業省経済産業政策局産業資金課編『先進企業から学ぶ事業リスクマネジメント実践テキスト―企業価値の向上を目指して』（財団法人経済産業調査会、2005年）

■ リスクマネジメント評価の実施者

　リスクマネジメント評価を実施者の観点で整理すると、リスクマネジメントに携わる当事者が実施する自己評価と、独立した第三者が実施するリスクマネジメント監査に大別される。

　リスクマネジメントに携わる当事者が実施する自己評価には多くのメリットがあり、具体的には、以下のようなものがあげられる。

　　◎ 自らが事業リスクマネジメントに取り組んでいるという意識が強くなり、リスクマネジメント計画の形骸化やリスク対策の未実施を防止できる
　　◎ 自己評価で自ら課題を発見することにより、次の是正改善にスムーズにつながる
　　◎ リスクの実態の現状把握も自己評価と同時に実施できるため、環境の

変化にも柔軟に対応できる
◎ リスクマネジメントに携わる以外の者による評価よりも、より詳細で具体的な状況が把握できる

　これらのメリットに加え、通常のPDCAサイクルの一環の中で自己評価による評価を行うことが一般的である。さらに、近年は、組織上独立的立場を有する内部監査部門が第三者的な立場でリスクマネジメント監査を実施することが求められるようになっている。

■リスクマネジメント評価の指標
　リスクマネジメント評価を実施するための指標には、「行動指標」と「結果指標」があり、それぞれ下記の**図表Ⅱ-1-12**のように整理される。

図表Ⅱ-1-12　リスクマネジメント評価の指標

	結果指標	行動指標
定　義	活動の結果実現された状態を金額、パーセンテージ、件数等数値で示して指標とするもの	目標を達成するために実施する行動そのものを指標とするもの
利用される場面	リスクマネジメントシステムの有効性評価でリスクマネジメントの目標と結果を比較するときに用いられることが多い	リスクマネジメントパフォーマンス評価で具体的な対策の計画と実際の実施状況を比較するときに用いられることが多い
具体例	労働災害の件数削減目標を何％達成できたか	年度中に教育訓練の実施ができたか

出所）経済産業省経済産業政策局産業資金課編『先進企業から学ぶ事業リスクマネジメント実践テキスト―企業価値の向上を目指して』（財団法人経済産業調査会、2005 年）

　また、リスクマネジメントパフォーマンス評価、リスクマネジメントの有効性評価と評価指標との関係を事例で説明すると、下記の**図表Ⅱ-1-13**のようになる。

第1章 リスクマネジメントの実務を知る

図表Ⅱ-1-13 リスクマネジメント評価と評価指標との関係の例

リスク内容	リスクマネジメント目標（①）	具体的リスク対策計画（②）	リスクマネジメントの目標結果（③）	リスクマネジメントパフォーマンス（④）
工場での労働災害リスク	工場での年間労働災害発生件数を現在の20件から10件に減少させる	工場内で事故が多発する場所10か所にミラーを取り付ける	年間労働災害件数は15件となった	工場内で5か所にミラーを取り付けた

出所）経済産業省経済産業政策局産業資金課編『先進企業から学ぶ事業リスクマネジメント実践テキスト—企業価値の向上を目指して』（財団法人経済産業調査会、2005年）

　リスクマネジメントパフォーマンス評価は、対策の実施という行動を評価指標として、具体的リスク対策計画（②）とリスクマネジメントパフォーマンス（④）との比較によって行われている。行動指標を評価指標として用いる場合でも、実施結果との比較を容易にするため、測定可能な単位を用いることがポイントである。リスクマネジメントシステムの有効性評価は、年間労働災害発見件数という結果を評価指標として、リスクマネジメントの目標（①）とリスクマネジメントの目標結果（③）との比較によって行われている。行動指標は、評価対象期間に何を実施したかが指標となるため、比較的設定しやすい指標である。一方、結果指標については、対策を実施した結果の測定が難しいケースが多く、必ずしも有効な指標が設定できるとは限らない。しかし、リスクマネジメントシステムの有効性評価には結果指標の方が適しているため、できる限り結果指標を設定する努力が必要となる。

10 リスクマネジメント評価の実務（パフォーマンスレビュー）

■パフォーマンスレビューの実務

　リスクマネジメントパフォーマンス評価が実際にどのように行われるのかを、下記の**図表Ⅱ-1-14**のリスク対策シートを用いて紹介する。

図表Ⅱ-1-14 リスク対策シートによるリスクマネジメントパフォーマンス評価の例

リスク管理担当部門	A工場	実施責任者	A氏
リスクの内容	工場で労働災害が発生するリスク	承認欄	2014/4/12 CRO B氏 ㊞
リスクマネジメント目標	・A工場での年間労働災害件数を現在の20件から10件に減少させる		
リスク対策の具体的内容	・工場内で事故が多発する場所10か所にミラーを取り付ける ・労働災害を防止するための教育訓練を実施する		
リスク対策の日程	・上期中にすべてミラーを取り付ける ・7月に1回、12月に1回労働災害リスク予防の教育研修を開催する		
評価指標	・ミラーの取り付け箇所数 ・教育訓練の実施		
リスクマネジメントパフォーマンス評価	評価時期	2014/2/20	
	評価担当者	工場長 C氏	
	評価結果	・ミラーは5か所にしか取り付けられなかったため、パフォーマンスは×（未達成）です ・8月に労働災害リスク予防の教育研修を開催した、パフォーマンスは○（達成）です	
次年度への留意事項	ミラーの取り付けについてのパフォーマンスは×（未達成）のため、「ミラーを取り付ける」という具体的対策の実施が不十分だったことがわかる。パフォーマンス評価の結果から、対策の実施を妨げる何らかの要因があった可能性があり、その要因を是正・改善することとなる。このように、パフォーマンス評価は是正・改善へのトリガー機能を果たしている		

（リスクマネジメントパフォーマンス評価として記入する）

出所）経済産業省経済産業政策局産業資金課編『先進企業から学ぶ事業リスクマネジメント実践テキスト―企業価値の向上を目指して』（財団法人経済産業調査会、2005年）

11 リスクマネジメントの是正・改善を行う

■是正・改善内容の検討アプローチ

　リスクマネジメントプログラムの評価結果において問題点が発見された場合には、原因分析を行い、どのような是正・改善措置が必要かつ有効かを検討する。具体的には、当該プログラムの目的・手段・実行主体といっ

た事項について、以下のような観点で分析を行って根本的な課題を特定し、是正・改善策を検討することが有効である。

- ◎ リスクマネジメントプログラム策定時に対象としていたリスクは変化していないか（目的）
- ◎ マニュアルが存在している場合、それは形骸化していないか。改正は必要ないか（手段）
- ◎ リスクマネジメントプログラム策定時から現在に至るまでに、異動等により内容を熟知している担当者がいなくなっていないか。引継ぎは適確になされているか（実行主体）

12 リスクマネジメントの是正・改善の実務

■是正・改善の実務上のポイント

　リスク識別、評価、対策を踏まえて、「いつ」「誰が」「どのように」是正・改善を行っていくかを仕組みとして設計しておく。これによって、是正・改善の目標地点を定めることができるとともに、PDCAサイクルを回りやすくすることが実務上のポイントとなる。

■是正・改善の検討時期（「いつ」）

　是正・改善の検討時期としては、主に以下のようなタイミングが考えられる。さらに、それぞれのタイミングに応じて、「誰が」「どのように」実施するかもおのずと決まってくる。

① 自己評価の実施時

　日常的な取り組みとして位置付けることが可能である。把握された問題に、評価者と統括部門が協力して取り組むものであり、是正・改善のベースとして主体的に実施しなければならない。

② リスクマネジメント監査の実施時

被監査部門と内部監査部門が協力して取り組むことが必要である。監査が定期的になされていれば、それに伴って是正・改善も定期的に実施することができ、監査結果で指摘された重大な不備を見直していくこととなる。

③ 緊急事態の経験後

不定期なタイミングでの見直しとなるが、危機対応にあたった部門が中心となって取り組むものである。緊急事態発生時に実施した対策や、対応内容についての考察は実践的かつ効率的であり得るため、反省点も含めて是正・改善内容として取り込むべきである。また、これらはイレギュラーな対応であることが多いため、時間の経過とともにノウハウが散逸しやすい。このため、緊急事態経験後、可及的速やかに振り返りを行うことが望ましい。

④ 監視結果に不適合が存在したとき

エラーがあった場合は、被監査部門と内部監査部門による速やかな対応が求められる。特に対策を実施せず、モニタリングのみを行っていたリスクが発現した場合には、応急度も高く、リスクマネジメントの方針の見直しも求められる。

■ トップマネジメントレビュー

① トップマネジメントレビューの目的

是正・改善のフェーズが完了すると、リスクマネジメントはまた新たなサイクルへと突入する。その際に実施されるのが、トップマネジメントレビューである。

前述のとおり、リスクマネジメントは事業目的とリンクするため、全社的視点からの是正・改善が求められる。そして、リスクマネジメントは経営者の本来業務である。

よって、1サイクルの最後には経営者によるレビューを経なければなら

ず、トップマネジメントレビューはPDCAサイクルの終点であると同時に、次のサイクルの起点ともなる。

② トップマネジメントレビューの実施

トップマネジメントレビューでは、現サイクルのレビューにより取り組むべきリスク、方針の見直しを行うとともに、次のサイクルの予算や要員の決定等、ダイナミックな意思決定を行うことでPDCAサイクルを回していくことになる。このように、リスクマネジメントは、経営そのものであるともいえる。

図表Ⅱ-1-11 トップマネジメントレビューの位置付け

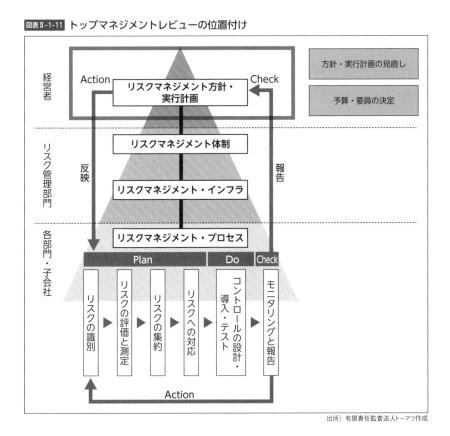

出所）有限責任監査法人トーマツ作成

13 リスクマネジメントの監査を行う

■リスクマネジメント監査の必要性

　リスクマネジメントの活動内容やその結果のモニタリングは、通常のPDCAサイクルの一環の中で担当部門が自己評価を実施すべきである。しかし、リスクマネジメントが経営方針と整合し、企業ビジョン達成の重要な機能として有効性を発揮しているかを評価するには、経営者の視点が必要となる。したがって、組織上独立的立場を有している内部監査部門が第三者的な立場でリスクマネジメント監査を実施することによって、トップマネジメントレビューにおいて有用な情報を提供することが重要である。

■リスクマネジメントシステムにおける内部監査部門の役割

　内部監査人協会（IIA）による内部監査の定義では、「（前略）内部監査は組織体の目標の達成に役立つことにある。このためにリスク・マネジメント、コントロールおよび組織体のガバナンス・プロセスの有効性の評価、改善を内部監査としての体系的手法と規律遵守の態度とをもって行う。」（一般社団法人日本内部監査協会（檜田信男監訳）「内部監査の定義-definition of Internal Auditing-」より）としており、リスクマネジメントが有効に機能しているかモニタリングすることは、内部監査の役割であると規定している。また、COSO（トレッドウェイ委員会組織委員会）の「COSO ERM」が発表された直後にIIAはポジション・ペーパーを発行し、ERMの中で内部監査が果たす役割について、企業が重要なリスクを適切に管理し、組織内の内部統制が有効に機能していることを独立した立場で評価すること、経営陣に対しその有効性を保証することであると強調している。また、内部監査のコンサルティング活動の一環として、体制構築や活動の支援を行い、企業のリスク対応能力を高めるために貢献すべきだとしている。このように、内部監査部門は企業のリスク感度を高め、適切に対処するために重要な役割を担っている。

■リスクマネジメント監査の概要および実務上のポイント

　内部監査部門は、まず自社のリスクマネジメントのフレームワークを理解した上で、フレームワークに従ってリスクマネジメント体制が整備され、プロセスが適切に運用されているかを検証する。また、フレームワークどおりに運用されているかという準拠性監査にとどまらず、リスクマネジメントの目的および体制の妥当性、リスクマネジメントのPDCAサイクルの妥当性を評価し、改善策の提案をすることができれば、内部監査部門として、経営においてより高度な機能を果たすことができる。

　リスクマネジメント監査の実務上のポイントは、リスクマネジメントの整備、運用の2種類の観点から以下のように整理できる。

- ◎ 整備状況の監査
    - ・リスクマネジメントに関する目的の妥当性を評価する
    - ・リスクマネジメント体制の妥当性を評価する
- ◎ 運用状況の監査
    - ・リスク識別・評価の妥当性を評価する
    - ・リスク対応策の妥当性を評価する
    - ・自己評価の妥当性を評価する
    - ・是正、改善活動の妥当性を評価する

　以上のリスクマネジメント監査のポイントをどのように監査手続に落とし込むかについて、次節より解説する。

14 リスクマネジメント監査の実務①

　リスクマネジメントシステムは、企業の規模や業態によって設計されるべきである。そのため、内部監査人は、自社の実情に合ったリスクマネジメントシステムになっているかという観点で整備状況の評価を行うべきである。整備状況の評価は、二段階のステップが考えられる。まず、第一段階として、リスクマネジメントの目的や対象とするリスクが適切かを判断する。リスクマネジメントの目的が経営者の意向や企業ビジョンに沿った

ものになっているかといった大局的な視点で評価を行うことになるため、内部監査人には定性的で高度な判断が要求される。

第二段階として、リスクマネジメントの目的を達成できる体制となっているかを判断する。リスクマネジメントにおけるリスクの範囲とリスクマネジメント体制の整合性の確認、リスクマネジメントを実施する人材のスキル等の把握などにより、総合的に体制の妥当性を評価する。以下、各ステップにおける具体的な監査手続について解説する。

■リスクマネジメントに関する目的の妥当性

リスクマネジメントに関する目的の妥当性を判断するためには、リスクマネジメントの考え方や方針が、経営方針と整合し、企業ビジョンの達成に役立つものであるかを評価する必要がある。具体的には、以下のような監査手続が考えられる。

◎ リスクマネジメント方針・規程、基本計画書のレビュー
- リスクの定義および範囲が明文化されていることを確認する
- リスクマネジメントの目的が明文化されていることを確認する
- リスクマネジメントの効果測定の方針が明文化されていることを確認する
- リスクマネジメントのフレームワークが明文化されていることを確認する
- リスクマネジメントにおける役割分担が明文化されていることを確認する
- リスクマネジメント方針・規程、基本計画書が適宜更新されていることを確認する

◎ 経営者、上級管理職へのインタビュー
- リスクマネジメント方針・規程の策定プロセスを確認し、経営方針との整合性や経営者のリスクマネジメントへの姿勢を判断する
- リスクマネジメントの期待ギャップの有無について確認し、リスクマネジメントが企業ビジョンの達成に役立っているかを判断する

◎ 取締役会、リスクマネジメント委員会議事録のレビュー
- 経営者やリスクマネジメント委員のリスクマネジメントへの姿勢を判断する
- リスクマネジメントによる効果の有効性を判断する

■リスクマネジメント体制の妥当性

　リスクマネジメント体制の妥当性を判断するためには、リスクマネジメントの目的を達成できる体制となっているかを評価する必要がある。具体的には、以下のような監査手続が考えられる。

- ◎ リスクマネジメント体制図のレビュー
    - ・リスクマネジメントにおけるリスクの範囲を体制がカバーしているかを確認する
- ◎ 職務権限規程および業務分掌規程のレビュー
    - ・リスクマネジメント基本方針に規定された役割分担との整合性を確認する
- ◎ 同規模、同業種のリスクマネジメント体制との比較
    - ・自社の体制と著しく乖離がないかを検証する
- ◎ ベストプラクティスとの比較
    - ・あるべき姿との差異を検証し、中長期的な課題を認識する

15 リスクマネジメント監査の実務②

　リスクマネジメントシステムの運用状況の監査では、リスク管理部門、または事業部門が行っているリスクマネジメントの運用が設計どおりに行われているか、企業の事業戦略および業務目的と各リスクの関連性、リスクに対する管理が適切に行われているかを評価する。監査の実施は、まずリスクマネジメントシステムのPDCAサイクルのステップごとに評価し、最後にリスクマネジメント活動全体が経営に貢献しているかを評価する。以下、PDCAステップごとの具体的な監査手続について解説する。

■リスク識別・評価の妥当性

　リスク識別・評価の妥当性を判断するには、適切な情報およびプロセスに基づいてリスク識別・評価が行われたか、識別されたリスクが企業の事業戦略および業務目的と関連しているかを評価する必要がある。なお、企業の事業戦略とは、ビジョンを達成するための目的を具体的な戦略に落と

し込んだもの、業務目的とは、その戦略が各担当部門の業務に落とし込まれたものを指す。具体的には、以下のような監査手続が考えられる。

◎ リスク識別に使用された外部および内部情報のレビュー
  ・外部および内部情報を検証し、情報の範囲の網羅性や正確性を確認する
◎ リスク識別結果のレビュー
  ・識別されたリスクと企業の事業戦略および業務目的との関連性を確認し、重要なリスクが漏れていないかを判断する
  ・内部監査部門によるリスク分析結果と突合し、重要なリスクが漏れていないかを判断する
◎ リスク評価に使用された情報のレビュー
  ・発生可能性について、外部および内部情報に基づいた判断がなされたかを確認する
  ・影響度について、外部および内部情報に基づいた判断がなされたかを確認する。また、金額的な影響だけでなく企業のレピュテーション等への影響を加味しているかを確認する(なお、脆弱性評価の妥当性は次項のリスク対応策で検討する)
  ・上記レビュー結果に基づいて、リスク管理部門トップやリスクマネジャーとのディスカッションを行う

■リスク対応策の妥当性

リスク対応策の妥当性を判断するには、リスク対応策の検討プロセスが適切か、リスク対応策の費用対効果は妥当かを評価する必要がある。具体的には、以下のような監査手続が考えられる。

◎ リスク評価の結果に基づいて策定されたリスク対応策のレビュー
  ・リスク対応策導入後の残余リスクが検討されているかを確認する
  ・リスク対応策のコストが検討されているかを確認する
  ・リスク対応策を検討したプロセスを確認し、最も効果的な対応策が選択されているか(複数のリスク対応策を比較検討したかなど)を確認する

・上記レビュー結果に基づいて、リスク管理部門トップやリスクマネジャーとのディスカッションを行う

■ **自己評価の妥当性**

　リスクマネジメントにおける自己評価の妥当性を判断するには、自己評価の実施頻度と有効性を評価する必要がある。自己評価の有効性が高い場合は、独立的評価の工数を削減することができる。具体的には、以下のような監査手続が考えられる。

　　◎ 自己評価プロセスおよび結果のレビュー
　　・自己評価プロセスがリスクマネジメントシステムの不備を洗い出すプロセスと機能しているかを確認する
　　・リスクマネジメントシステムの不備の原因が調査・究明されているかを確認する
　　・自己評価がリスクの発生可能性や影響度の変化に応じて、適切な頻度で実施されているかを確認する
　　・上記レビュー結果に基づいて、リスク管理部門トップやリスクマネジャーとのディスカッションを行う

■ **是正・改善活動の妥当性**

　是正・改善活動の妥当性を判断するには、自己評価および独立的モニタリング結果が適切にリスクマネジメントプロセスにフィードバックされているかを評価する必要がある。具体的には、以下のような監査手続が考えられる。

　　◎ 是正・改善活動プロセスのレビュー
　　・リスクマネジメントシステムの不備の原因に対応して是正・改善活動が実施されているかを確認する
　　・是正・改善活動は不備の緊急度に応じて適切なタイミングで実施されているかを確認する
　　・是正・改善活動の責任者および期日が明確になっているかを確認する

第2章 リスクマネジメント体制を整備する

1 リスクマネジメント実務体制の全体像をつかむ

　第Ⅰ部で紹介した有効なリスクマネジメントの仕組みは、各部門や各子会社が日常的にリスクの識別、リスクの評価、対策といった業務サイクルを推進し、モニタリング部門では、定期的にリスクマネジメント評価、リスクマネジメント監査といったモニタリングを行う、というものであった。

　こうしたPDCAサイクルを実務的に機能させるには、全社を見渡して不備があれば改善し、良い取組みは奨励するといった現場に対する推進力としてのリスク統括機能と、各従業員の行動を標準化するための具体的なルール作りが必要となる。

　リスク統括機能により、各部門や子会社に対して横串的に指示・モニタリングを行い、組織間の実務差異を低減することができる。

　具体的なルールにより、現場で発生した事象をリスク情報と捉え、そのリスク情報を適時適切にエスカレーション（より上位の存在に対応を要請すること）し、また結果として決定された対策を理解し遵守するという行動を従業員から引き出すことが可能となる。

図表Ⅱ-2-1 企業の内部統制におけるリスクマネジメントの役割

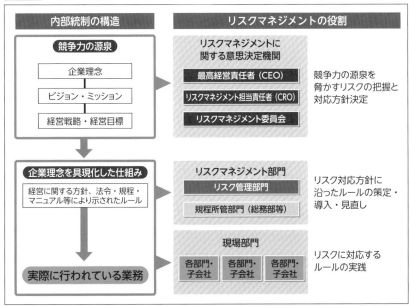

出所）有限責任監査法人トーマツ作成

2 全社のリスクを統括する

ここでは、「全社のリスクを統括する」という視点について論じたい。「全社のリスクを統括する」とは、全社のリスク情報を一元化し、俯瞰した上で、全社最適な対応を目指す取り組みである。

リスクマネジメントにおいて大切なのは、企業の目標達成を阻害する重要なリスクを低減することである。しかし、何が重要なリスクであるかについては、それぞれの企業の状況を総合的に勘案して判断しなければならない。また、重要なリスクに効果的に対応するためには、リスク情報を俯瞰し、優先順位をつけ、資源を配分することが不可欠である。そのために、全社のリスク情報を一元化し、全社のリスクを議論の俎上に載せることが求められる。

■ 全社のリスク統括の必要性

　あらゆる業務は、常に潜在的なリスクを伴っている。発現したリスクに初めて直面するのは、多くの場合、業務を遂行している各組織である。そのため、一義的なリスク対応は当該業務を担う各組織で講じるのが自然である。しかし、すべてを各組織、各担当者任せにしてしまうと、以下のような問題が発生するおそれがある。

① リスクへの対応がバラバラで、企業として対応の品質が担保されない

　例えば、「食料品製造業における自社製品の不備」というリスクを想定してみよう。リスクの低減策の1つとして、原材料のトレーサビリティシステムを構築し、原材料からの安心・安全を確保する、あるいは製造工程における品質チェックを一段階増やすなどといった、様々な対策が検討できる。製品ごとに製造工程やリスクが異なるのであれば、それぞれに適した対策をとることは合理的である。だが、そうでない場合に、どの対策が最適であるかを、組織を超えて検討する必要がある。

② リスク認識の漏れや、評価が不十分になるおそれがある。または、それぞれ別部門で対応することにより、過重な手間が発生するおそれがある

　各組織でリスクの識別や評価を行っていると、おのずとそれぞれの組織にとって影響の大きなリスクに注目しがちである。例えば、比較的軽微であるとみられる1件の労災等の事故でも、全社で累計すると多数の事故が発生していたというような場合には、全社的に影響の大きなリスクとして扱う必要がある。「ヒヤリハット」も含め、全社の情報を集約する仕組みが必要である。

③ リスク情報を経営活動に適時、かつ十分に活用できない

　リスクを統括する機能がなければ、リスク情報が経営陣に適時に伝達されないおそれがある。例えば、①であげた原材料のトレーサビリティシス

テムなどは、投資を要するリスク対策であるため、経営陣が資源配分の優先度をつける必要がある。その際、どの程度の影響度・発生可能性のリスクがあるかは、経営判断にとって有用な情報となる。

各担当者あるいは各組織で分断されたリスクマネジメント活動では、企業として適切にリスクマネジメントができているとはいいがたい。

■ **全社のリスクを統括するためのキーポイント**

これらの取り組みを、各部門がそれぞれ独自の方法で行っていると、上げられるリスク情報の粒度にばらつきが出てしまい、重要リスクの把握漏れや対応の誤りを招いてしまう。

したがって、全社で一貫したリスクマネジメントと報告を確実に行うための共通的なリスクマネジメント方法論、用語、評価基準を整備し、発展させていくことが重要である。同時に、企業の力を最大化するためには、各部門が十分な自立性を保ちながら、専門的な知識や専門技能を活用できるようにすることが求められる。

3 リスクマネジメントを実施するのは各部門

リスクマネジメントの考え方や仕組みが整備されていても、その実行が形骸化してしまうケースは少なくない。リスクマネジメントがうまく機能していない企業は、総じてリスクマネジメント規程を策定していない、あるいはリスクマネジメント規程はあるものの、内容が抽象的であり、従業員が具体的にどのような行動をとるべきかが不明確であるといった場合が多い。組織の隅々にまでリスクマネジメントの考え方や仕組みを浸透させるためには、リスクマネジメントについての具体的な「動き方」を定める規程・マニュアル類を整備するとともに、経営者の積極的な関与による動機付けを行い、リスク管理部門が情報収集・発信のハブとなり、あらゆる側面から現場にリスクマネジメントを定着させていく姿勢が重要である。

4 規程・マニュアル整備でやるべきことを「見える化」する

■ 規程・マニュアル整備の必要性

① 規程の必要性

　リスクマネジメントの方針に基づき、リスクマネジメントに関する規程を作成する。規程とは、リスクマネジメント方針をルールに落とし込んだものであり、リスクマネジメントに関する経営者の意思を明示する重要なものである。経営者自身にとっては、自身がやるべきことを宣言するものであり、従業員等の会社の構成員に対しては、経営者のリスクマネジメント方針を明示するものとなる。やるべきことを明確化することによって、経営者とリスクマネジメント管理部門の責任を明確にすることができる。

② マニュアルの必要性

　規程と同時に必要となるのはマニュアルである。規程には「原則」が記載されるが、実務を行う際に原則だけでは具体的にどのように行動すべきかがわからない。そこで、担当者の実務を想定し、業務の具体的な局面でどのように行動すべきかを明確にするのがマニュアルである。そのため、従業員は規程よりもマニュアルの方を頻繁に参照することが想定される。このように、マニュアルは現場レベルでリスクマネジメントを実践するために必要不可欠なものである。

■ 規程・マニュアルの例

① リスクマネジメント基本規程

　「リスクマネジメント基本規程」では、リスクマネジメントの運用に必要な基本事項を定義する。リスクマネジメント基本規程は個別リスクへの対応を規定するものではなく、具体的には、リスクマネジメントの目的、対象とするリスクの範囲、重要リスクの考え方、リスクマネジメント委員会の役割など、リスクマネジメント全般を規定するものである。企業も、企業を取り巻く外部環境も、常に変化している。リスクマネジメント基本

規程は、そのような変化に柔軟に対応できるよう、あくまでもリスクマネジメントの基本的な考え方のみを示すのが有効である。リスクに関する細かな定義は、後述する「個別リスク管理規程」の役割となる。

② **個別リスク管理規程**

一般的には、「市場リスク規程」「信用リスク規程」「情報管理規程」「災害リスク規程」などが想定される。リスクは企業によって異なるため、識別されたリスクに対応して、個別リスク管理規程を設定していくこととなる。なお、識別されたすべてのリスクに対して個別リスク管理規程を設定する必要はなく、集約できるものは集約することも可能である。実務上は、リスクを集約することが重要である。識別されたリスクすべてに対して個別リスク管理規程を設定すると膨大な規程が必要となるためその作成だけでも大変であり、更新等も煩雑になってしまう。発現するリスクの性質、所管するリスク管理部門等に着目し、集約して個別リスク管理規程を設定するのが肝要である。

③ **マニュアル**

マニュアルは、実際に業務上遭遇する場面を想定して、具体的に記載することが重要である。業務は常に変化するため、変化に合わせて更新を行わなければならない。また、業務で使用するものであるという性質上、従業員からの声を組み込んで作成することが有効である。市場リスクや信用リスクの場合、決算期ごと等、定期的に検討を行うこととなるが、災害リスク等は発生頻度が低く、マニュアル化しにくいものである。しかし、マニュアルが存在しないと実際にリスクが発現した場合対応できなくなってしまう。よって、発生頻度が低いリスクのマニュアルについては、訓練等を通じて多角的な視点で複数のシミュレーションを行い、発現した場合を想定して策定する必要がある。

④ その他の「見える化」

各個別リスク管理を実行するためには、所管部門と責任・権限を明確にする組織図・職務分掌表の作成が必要となる。各リスクの所管部門は個別リスク管理規程と整合している必要がある。

その他、リスクマネジメント固有の問題ではないが、人事制度との関係も有効な「見える化」の1つである。リスクマネジメントへの貢献が人事制度に反映されることで、リスクマネジメントの重要性を従業員に対して明示することができる。

5 リスクマネジメント部門の権限と責任

リスクマネジメント体制は、会社の実情に合わせて検討し、構築することが必要である。ここでは、一般的な例を基に、全社のリスクマネジメント統括体制と、各部門や子会社のリスクマネジメント管理体制の二段階に分けて説明していく。また、それらのモニタリング組織についても解説したい。

図表Ⅱ-2-2 一般的なリスクマネジメント体制

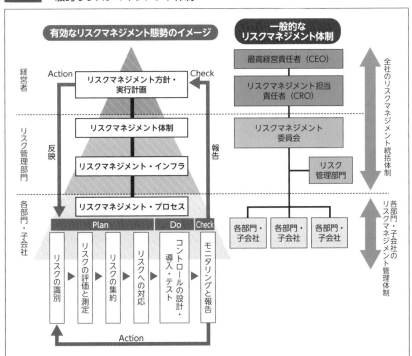

出所）有限責任監査法人トーマツ作成

■ 全社のリスクマネジメント統括体制

① 全社のリスクマネジメント統括関連組織

(1) 最高経営責任者（CEO）

　経営者がリスクマネジメントへの理解を示し、いかにリスクマネジメントを重視しているかを、社内外に向けて明確に示すことは、リスクマネジメントに「魂を込める」ために非常に重要である。経営者がリスクマネジメント方針を策定し、社内に表明することにより、リスクマネジメントへの意識を社内に浸透させ、その後の取り組みや活動の継続が可能となる。

(2) リスクマネジメント担当責任者（CRO）

一般的には経営者（経営会議メンバーおよび取締役会メンバーを指す）を委員長とするリスクマネジメント委員会を設置する。当該委員会は、全社のリスクマネジメントに関する承認、諮問機関として各部門や部署のリスクマネジメントを統括する。この際、委員長となる役員をリスクマネジメント担当責任者（CRO／Chief Risk Officer）と位置付け、リスクマネジメントに関する役割・責任・権限を明確化することも、リスクマネジメント推進のために有効である。

CROを設置することで、全社のリスク管理に関わるすべての情報を収集することができるようになる。その結果、すべてのリスクに対してトップダウンの関与が可能になるとともに、部門や部署に特化しない、社内横断的な対応が容易になる。また、社内に対するリスクマネジメントシステムの権威付けや、意思決定の迅速化が可能になるといった効果も期待される。

(3) リスクマネジメント委員会

リスクマネジメント委員会は、取締役会や経営会議に、その会議のメンバーを委員として設置される場合と、経営の諮問機関として、その下に設置される場合がある。いずれの場合も、委員長には通常CROが就任する。この委員会は通常年2回程度開催され、全社のリスクマネジメントに関する中間報告および結果報告が行われる。これにより、社内の各部門や部署が横断的な決定を行うことを容易にし、リスクマネジメントに特化した視点で経営の意思決定を行うことを可能にする。

(4) リスク管理部門（またはリスクマネジメント委員会事務局）

事業リスクマネジメント実施のために、CROやリスクマネジメント委員会の下部組織として、または委員会の代替組織として、リスク管理部門や部署を設置することがある。この組織は、リスクマネジメントの事務局的役割を担うものである。

リスクマネジメント委員会の事務局長、リスク管理部門の部門長などをリスクマネジャーとすることもある。このリスクマネジャーは、各部門や子会社内で集約されたリスクを全社レベルで統括し、経営と現場をつなぐ要の役割を担う人物である。

② 全社のリスクマネジメント統括体制の設計例

リスクマネジメントの統括体制は、企業の考えるリスクマネジメントの仕組みに応じて変化するが、これをトップダウン型、ボトムアップ型という視点で区分した際の組織設計の違いを、下記の**図表Ⅱ-2-3**に示す。トップダウン型の組織とは、経営者の懸念するリスクを中心に管理しようとする体制、ボトムアップ型は現場が業務遂行にあたって懸念するリスクを現場主導で管理しようとする体制である。こういった思想により、どのような組織を設置し、どのような役割を担わせるかは変化する。

なお、**図表Ⅱ-2-3**はあくまで組織設計の多様性を示した例であって、組織がこの例に該当するからといって即トップダウン型、ボトムアップ型に分類されるわけではないことをご留意いただきたい。

図表Ⅱ-2-3 トップダウン型およびボトムアップ型リスクマネジメントの組織設計例

		トップダウン型	ボトムアップ型
組織設計	CEO	○	○
	CRO	○	ー
	リスクマネジメント委員会	○	○
	リスク統括部門	○	○
役割	社内外への説得	CEO	CEO
	全般的な意思決定	CRO	CEO
	インフラ整備	リスクマネジメント委員会	リスクマネジメント委員会
	マネジメント	リスク統括部門	各部門・子会社の長
	モニタリング	リスクマネジメント委員会	リスク統括部門
特長 (メリット)		経営者が懸念する重要なリスクを識別しやすい	現場が業務遂行にあたって不安なリスクを低減できる
留意すべき点 (デメリット)		・対策や上げられるリスクが現場感とずれる可能性がある ・潜在的なリスクの見落としが発生する可能性があるため、各部門からリスク情報を収集する仕組みが必要	・小粒のリスクが上がりやすい ・部門間でリスクの漏れ、重複のおそれがあり、全体最適にならない可能性がある。モニタリングの役割が重要となる

出所）有限責任監査法人トーマツ作成

　トップダウン型、ボトムアップ型のいずれであっても、全社のリスクを統括するためには、重要な情報がスムーズに経営者に伝達される、エスカレーションの仕組みの整備が求められる。

■各部門、子会社のリスクマネジメント管理体制

図表Ⅱ-2-4 リスクマネジメント業務の全体像

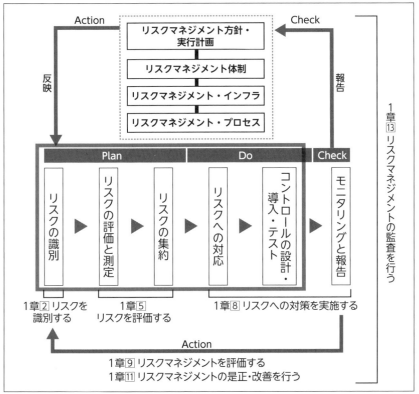

図表中の数字は、それぞれの項目について解説した前章の節番号を示している。

出所）有限責任監査法人トーマツ作成

　リスクマネジメントは、一義的には各部門や子会社において行われ、それを全社として統括し、管理することになる。各部門や子会社のリスクマネジメントが重要であることはいうまでもないが、各部門や子会社のリスクマネジメントについても、主体となってとりまとめる組織が必要になる。

　この主体は、リスクの識別の単位に応じて変化する。例えば、下記の①のように事業本部ごとにリスクマネジメントを行う企業もあれば、②のように社内機能や地域ごとにリスクマネジメントを行う企業もある。

① 事業本部、職能別専門会議が主体のパターン

リスクマネジメントは、極めて経営に密接する課題である。これに注目し、戦略遂行に責任を持つ各事業本部長がリスクマネジメントに責任を負う。

全社共通のリスクに関しては、横軸の職能別専門会議で掌握されている例がある。

② 社内機能、地域統括部門が主体のパターン

縦軸に「機能（購買、販売、研究……）」を、横軸に「地域」を配置して両面から網羅的にリスクを管理している企業もある。

リスクマネジメント管理体制は、企業の業務の指示命令系統がどのようになっているかを理解し、最も浸透しやすい体制をとることが望ましい。

■モニタリング体制

① 内部監査

リスクマネジメントの評価については、前章で述べたとおり、第三者機関として内部監査部門を設けることが一般的である。

内部監査は公正不偏かつ客観的な姿勢を貫くため、「内部監査部門は、組織上、最高経営者に直属し、職務上取締役会から指示を受け、同時に、取締役会および監査役（会）または監査委員会への報告経路を確保しなければならない。組織体の事情により内部監査部門を最高経営者以外に所属させようとする場合には、内部監査の独立性が十分に保持され、内部監査の結果としての指摘事項、助言および勧告に対して適切な措置を講じ得る経営者層に所属させなければならない。またこの場合であっても、取締役会および監査役（会）または監査委員会への報告経路を確保しなければならない。」（一般社団法人日本内部監査協会「内部監査基準」より引用）とされている。

内部監査の主な役割は、経営者への情報提供であり、トップマネジメ

トレビューの際の情報を提供することである。そのため、リスクマネジメントシステム監査は取締役の職務執行の範疇で実施されるといえる。

② **監査役監査**

一方で、監査には監査役監査もある。こちらは、代表取締役を監視している取締役について、監査役が監視する仕組みである。監査役が、独立した立場で経営者の活動を含めたリスクマネジメントシステム全体を監査することにより、網羅的なモニタリングの仕組みが完成する。

図表Ⅱ-2-5 リスクマネジメントと監査の範囲

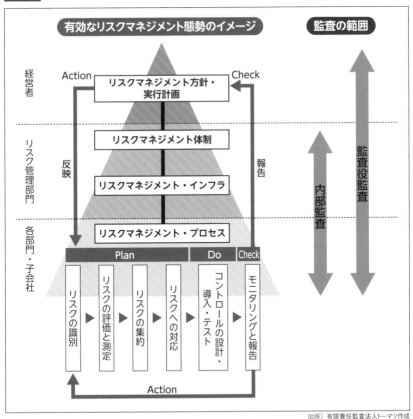

出所）有限責任監査法人トーマツ作成

③ グローバル内部監査

組織が拡大すると、本社だけではモニタリングに十分なリソースを割けないおそれがある。特に海外子会社については、現地の文化・慣習を踏まえた上で監査を行わなければならず、海外子会社の内部監査機能と協同してモニタリングを行う必要がある。以下に、3つのタイプを紹介する。

タイプ1：親会社集中型

図表Ⅱ-2-6 グローバル内部監査体制（タイプ1：親会社集中型）

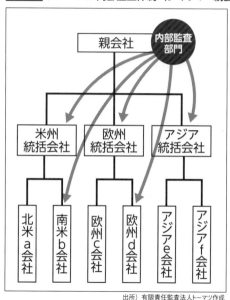

出所）有限責任監査法人トーマツ作成

【特徴】
・親会社の内部監査部門が集中的に往査を実施する

【メリット】
・グループ内で内部監査の水準が均一化される
・子会社の経営者に対して重大な発見事項の指摘や改善提案が可能

【デメリット】
・グループ内の子会社数が非常に多くなったり、親会社の事業とかけ離れ

た業種の子会社がある場合には、リソースが不足し実施が困難かつ不効率
・海外における地域固有の法制度、会計制度、商習慣等の最新状況を本社がすべて把握することは困難

タイプ2：子会社分散型

図表Ⅱ-2-7 グローバル内部監査体制（タイプ2：子会社分散型）

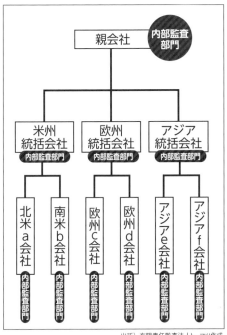

出所）有限責任監査法人トーマツ作成

【特徴】
・親会社、各子会社の内部監査部門がそれぞれ自社の監査を実施する

【メリット】
・内部監査の主目的をそれぞれの会社の経営者側の自治機能とした場合、この体制は意味がある

【デメリット】
- グループ内のすべての規模の子会社が内部監査機能を持つことは困難であり、グループ内で内部監査の水準や方針が均一化されないおそれがある
- 子会社の経営者に対して重大な発見事項の指摘や改善提案が困難

タイプ3：親会社地域統括会社二段階型

図表Ⅱ-2-8 グローバル内部監査体制（タイプ3：親会社地域統括会社二段階型）

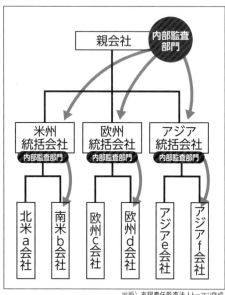

出所）有限責任監査法人トーマツ作成

【特徴】
- 各地域統括会社の内部監査部門が往査を実施する
- 地域統括会社については、本社が往査する

【メリット】
- 地域固有の法制度、会計制度、商習慣等に精通することが比較的容易であることから、効率的かつ効果的な内部監査を実施することが可能

【デメリット】
・物理的（距離、時差）・文化的（言語相違やビジネス上の習慣の相違等）障壁によりグループ内で内部監査の水準や方針が均一化されない恐れがあるため、地域統括会社間のコミュニケーションに工夫が必要である

6 リスクマネジメント部門の専門教育

■専門教育の必要性

　これまで述べてきたリスクマネジメント体制は、1度体制を構築すれば有効に機能するという類のものではない。その機能を維持し、実効性を高めるためには、リスクマネジメントに関わる人材のトレーニングが必要不可欠である。様々なリスクに囲まれている昨今では、社員1人ひとりがリスクに対して敏感であることが求められている。このように、全社員がリスクに対する理解度を高めるためには、まずはリスクマネジメント部門の教育に取り組むことが極めて重要といえる。なぜなら、当該部門社員は社内のリスク専門家（リスクマネジャー）として経営と現場をつなぐ要の役割を担う人物となるからである。

■リスクマネジメント部門社員に求められる能力

　すでに述べたように、リスクマネジメント部門は、各部門や部署内で集約されたリスクを全社レベルで統括する役割、すなわち経営と現場をつなぐ要の役割である。そこで、リスクマネジメント部門社員に求められる能力には、
　　(1) リスクマネジメントの定義の理解
　　(2) 自社のリスクマネジメントシステムに関する理解
　　(3) リスクマネジメント実施方法および計画の理解

といった一般的なリスクマネジメントに関する理解に加えて、以下があげられる。

（4）改善提案力
　（5）コミュニケーション能力
　（6）プロジェクト管理能力

　（1）から（3）は、次項で述べる社員へのトレーニングを実施する際のベースとなる部分であり、リスクマネジメント部門社員には、十分な理解が求められる事項である。
　（4）については、各部門や部署から上がってくるリスクやその対応策の改善事項を識別する能力、改善するためのアクションプランを立案する能力等が重要となる。
　（5）については、経営と各部門や部署をつなぐ要の役割を果たすため、適切なコミュニケーションをとる能力や、経営者の意図を考慮した上で、かつ現場にとって現実的なリスクへの対応策を立案し、双方を調整する能力が求められる。
　（6）については、リスクマネジメント方針・実行計画に沿った適切な体制の構築および関係部門との調整を行いながら、進捗管理を実施した上で、プロジェクトを成功させる能力が必要となる。

7 リスクマネジメント部門と他部門のコミュニケーション

■コミュニケーションの重要性
　リスクマネジメント体制を維持するためには、前述のリスクマネジメント部門の専門教育に加え、コミュニケーションが非常に重要である。具体的には、社員1人ひとりから小さな変化やリスクを報告してもらうこと、リスク情報を社内で共有することなどがあげられるが、その前提として特に重要な役割を果たすのが、社員のトレーニングである。

■社員のトレーニング
　リスクマネジメント体制を実施・維持する上では、専門家だけでなく社員1人ひとりがリスクに対する理解度を高めることが重要である。そのた

めには、全社的な教育プログラムを作成することが効果的といえる。プログラムを作成する上で検討すべきポイントは、以下のようなものである。

① いつ教育するのか

異動や昇進、昇格時に合わせて定期的に研修を実施することや、eラーニング等を活用し随時研修を実施することが有効である。

② 誰が教育するのか

基本的にはリスクマネジメント部門が実施することとなるが、セミナーなどにおいて外部講師を招き、第三者からリスクマネジメントの重要性を伝えることも重要である。

③ 誰に教育するのか

リスクマネジメントは全社的な取り組みであることから、教育対象も原則的には全社員である。各人の役職・役割に応じた研修プログラムを提供することが肝要である。

④ どのように教育するのか

eラーニングのようなテキストを用いた解説を中心とする研修だけでなく、受講者が主体となるワークショップ型の研修を取り入れることも有効である。

■ リスク情報の共有化

社内で発見したリスク情報を収集し共有することで、他の部門や部署で見落とされていたリスクの発見や対応策策定の手助けとなる。また、社員1人ひとりから小さな変化を報告してもらうことで、複数の社員が感じている変化の裏に潜むリスクの早期発見へとつなげることができる。社内でのリスク情報共有化のための取り組み例としては、以下のようなものがあげられる。

① リスク情報共有目的の明確化

社内でリスク情報を共有することの目的を、各部門および部署へ明確に示すことで情報収集が可能となり、対応策策定へつなげることができる。

② 共有化手段の明確化

リスク情報の収集および発信機能を誰が担うのかを社内へ明確に示すことで、「いつ」「どのように」報告すべきかの共通認識を持つことが可能となる。また、情報が一元化されることで、コミュニケーションの効率化にもつながる。

③ 収集するリスク情報の明確化

通常、「発現していないリスク」と「発現したリスク」の二重構造で管理する。収集対象のリスクを明確化することで、漏れなく対応策を策定することが可能となる。

8 リスクマネジメント部門の業績評価

■リスクマネジメント部門の業績をどのように評価するか

社内の他の部門と同様に、リスクマネジメント部門についても、その業績を適切に評価される必要がある。ここで問題となるのが、リスクマネジメント部門の業績評価を行うにあたって、どのような評価指標を用いるかという点である。誰もが公正で納得できる評価ができなければ、リスクマネジメント部門の社員のモチベーションを高めることはできず、逆に不満を招く結果となりかねない。用いられる評価指標としては、「他のコーポレート部門と同様の評価指標」「独自の評価指標」の2つがあげられる。

① コーポレート部門と同様の評価指標を用いる

リスクマネジメント部門の業績評価に際して、他のコーポレート部門と同様の評価指標を用いる方式である。リスクマネジメント部門も、人事や経理等のコーポレート部門の1つである以上、同様の評価指標を用いるこ

とは社内的な合意を得やすい。基本的には定性的な評価に落ち着くが、既存のコーポレート部門の評価指標を使用すれば良いため、導入が容易である。

② 独自の評価指標を用いる

　リスクマネジメント部門の業績評価に際して、既存のコーポレート部門と同様の定性的な評価に加え、リスクマネジメント部門独自の定量的な評価指標を用いる方式である。定量的な評価を行うことで、リスクマネジメント部門の目標の達成度をより客観的に判定することができる。定量的評価のための指標は、客観的かつ定量化され得るものであることは当然であるが、指標化され評価軸として用いることで、今後のリスクマネジメント部門の活動の改善・向上に資するように設定される必要がある。

　定量的な評価において組み入れる指標候補としては、リスクマネジメント目標評価指標の計画に対する達成度合いやリスクマネジメントパフォーマンス評価指標の計画に対する達成度合いがあげられるが、リスクマネジメント評価部門の業務目的に適合した指標を組み入れることが肝要である。

第3章 企業の活動事例を学ぶ
―リスクマネジメント活動の公表状況―

1 企業のイメージアップにつながるリスクマネジメントの開示

■リスク情報とリスクマネジメントに関する情報の開示の状況

日本の全上場企業を対象とする「持続的な企業価値創造のためのIR／コミュニケーション戦略実態調査」（一般財団法人企業活力研究所、2013年8月）によれば、リスク情報を含む非財務的なテーマについて、半数以上の企業が、ターゲットとなる投資家との対話が不足していると考えている。

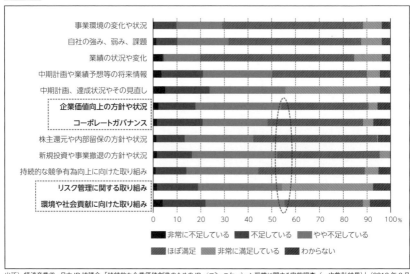

図表Ⅱ-3-1 投資家との対話において議論が不足していると考えられるテーマ

出所）経済産業省・日本IR協議会「持続的な企業価値創造のためのIR／コミュニケーション戦略に関する実態調査（一次集計結果）」（2013年3月22日）を基に有限責任監査法人トーマツ作成

また、日本の全上場企業を対象とする「IR活動の実態調査」（一般財団法人　日本IR協議会　2018年4月）によれば、"見えない価値"（＝財務諸表

に表れない情報)と言われる非財務情報を"見える化"し、企業価値に関連付けて説明する課題意識がより高まっていることが報告されている。以上の調査結果から、企業が開示するリスク情報とリスクマネジメントに関する情報の量と質が不十分であることが、リスク情報を含む非財務的なテーマに関する投資家との対話不足の一因となっていると考えられる。

一方で、日本証券アナリスト協会が選定する「ディスクロージャー優良企業」のように、長期ビジョンや事業戦略に関連付けた非財務情報の開示を主体的に行うことにより、対外的なアピールとイメージアップを図っている企業もある。

■リスク情報とリスクマネジメントに関する情報の開示の効果

リスク情報とリスクマネジメントに関する情報が開示されていない状況で、リスクが顕在化し、業績に悪影響を及ぼした場合、企業に対するステークホルダーの信頼は損なわれてしまう。一方、自社にとってネガティブなリスク情報に対しても誠実な開示姿勢をとり、ステークホルダーとの中長期的な信頼関係を構築することで、以下のような効果を期待することができる。

① 資本コストの低減

投資家の視点から考えると、債権よりも株式のリスクの方が高いため、投資家が期待する収益率は債権よりも株式の方が高くなる。一般的に、株式に対する期待収益率は国債等の安全資産にリスクプレミアムを上乗せしたものである。もし、リスク情報とリスクマネジメントに関する情報が適切に開示され、企業の経営の透明性が高いと投資家が判断すれば、リスクプレミアムが低くなると同時に、企業の資本コストも低くなる。その結果、資金調達やM&Aの実行に際して余分なコストを支払わずに済むことになる。

② レピュテーション悪化による事業継続リスクの低減

　顕在化したリスク情報とリスクマネジメント情報の開示・説明が不十分であったり、企業が意図的に情報を隠ぺいすると、企業に対するステークホルダーの信頼を損なうことになる。その結果、企業に対する市場や社会的な評価が下落し、金融機関を含む取引先との関係が急速に悪化し、事業継続が困難になることがあり得る。潜在的なリスク、顕在化したリスクの情報とリスクマネジメントの状況を、誠実に開示・説明することで、レピュテーション悪化による事業継続リスクを中長期的に低減することができる。

③ リスクマネジメント関連部門の連携強化と自浄作用の促進

　リスク情報とリスクマネジメントに関する情報の開示の過程においては、経営者とリスクマネジメント関連部門のディスカッションを経て、全社的なリスクの識別、評価、対応策の策定、モニタリングといった、リスクマネジメントのPDCAサイクルが構築されることが想定される。また、継続的な情報開示に伴い、リスク情報とリスクマネジメントに関する情報の更新の過程でPDCAサイクルが機能することで、リスクマネジメントの有効性向上が期待できる。

■リスク情報開示のポイント

　リスク情報は、企業の長期的価値に影響を及ぼす可能性のある不確実性を中心とした情報であるため、財務情報に即座に反映されるとは限らない。財務情報から直接的に読み取ることができない情報を補完するためには、リスク情報を定性的に説明することが有効である。だが、リスク情報を含む非財務情報は、多くの企業秘密を含み、経営戦略と直結する情報である。また、情報開示にはコストを伴うので、費用対効果の期待できない過剰な情報開示は、企業価値を毀損するおそれもある。リスク情報とリスクマネジメントに関する情報の開示を効果的に行うためには、どのリスク情報をどこまで開示するかを判断し、ポイントを押さえた開示を行うことが必要

である。

① 経営戦略・経営目標とリスクの関連を明確にする

前述したように、企業が開示しているリスクは横並びかつ一般的であり、中長期的な経営戦略と経営目標との関連性が不明確な場合が多い。両者の関連性が明確になれば、ステークホルダーは、財務情報から直接読み取ることのできない情報を補完し、企業業績の将来予測を立てやすい。

② リスクへの具体的な対応を明記する

前述したように、リスクへの具体的な対応を明記した上でリスク情報を開示している企業は少ない。リスクへの具体的な対応を明記することで、ステークホルダーは企業が掲げる経営目標の達成可能性をより正確に判断することができる。

③ 事業環境の変化に伴うリスクの変化をリスク情報に盛り込む

事業環境の変化に伴う新たなリスクの識別、すでに識別されたリスクの影響度や発生可能性の見直しとリスクへの対応の見直しを継続的に行うことは、持続的な企業価値向上につながる。継続的なリスクマネジメント向上への取り組み状況を開示することで、ステークホルダーは、企業のリスクマネジメントに対する意識の高さを認識することができる。

2 コーポレートガバナンス・コードの策定

コーポレートガバナンス・コードとは、会社が株主をはじめ顧客・従業員・地域社会等の立場を踏まえた上で、透明・公正かつ迅速・果断な意思決定を行うための仕組みを意味する。同コードは、実効的なコーポレートガバナンスの実現に資する主要な原則を取りまとめた企業統治の指針であり、以下の5つの基本原則によって構成されている。2015年3月に金融庁と東京証券取引所が取りまとめ、同年6月から上場企業に適用が開始されている（2018年6月改訂）。

【コーポレートガバナンス・コードの5つの基本原則】
①株主の権利・平等性の確保
②株主以外のステークホルダーとの適切な協働
③適切な情報開示と透明性の確保
④取締役会等の責務
⑤株主との対話

同コードが適切に実践されることで、それぞれの会社において持続的な成長と中長期的な企業価値の向上のための自律的な対応が図られ、会社、投資家、ひいては経済全体の発展にも寄与すると考えられている。また同コードは法令とは異なり、法的拘束力を有する規範ではないが、その実施に当たっては、いわゆる「コンプライ・オア・エクスプレイン」（原則を実施するか、実施しない場合には、その理由を説明するか）の手法が採用されている特徴がある。上場会社は、自社の個別事情に照らして各原則を実施しない場合には、その理由を説明することとされている。

リスクマネジメントの観点では、5つの基本原則の1つに「③適切な情報開示と透明性の確保」がある。この原則は、企業は財政状態・経営成績等の財務情報だけでなく、経営戦略・経営課題、リスク、ガバナンスや社会・環境問題に関する事項（いわゆるESG要素）などの非財務情報の情報提供にも企業が主体的かつ積極的に取り組むことが示されている。企業統治の仕組みについても積極的に開示することが情報の利用者にとってより有用性の高い情報となるためである。

③ 有価証券報告書

■有価証券報告書とは何か

有価証券報告書とは、有価証券の発行企業が自社情報を外部に開示するために作成する報告書である。また、財務資本の提供者に対し、企業活動の内容を説明するものである。

昨今の国際的政治、経済、社会の状況の流動化によって、企業を取り巻く環境は急速に変化している。それに伴い、企業が対応すべきリスクも多

様化し、かつ重要度も高まっている。こうした状況の中、上場企業が作成する有価証券報告書で開示されるリスク情報は、質・量ともに急速に拡充されている。開示されたリスク情報は、投資家の投資判断に影響を与えるものであると同時に、会社の「姿と動き」を示すものでもある。

■有価証券報告書の開示項目

有価証券報告書に記載すべき主要な項目は、以下のとおりである。

```
第1部　企業情報
    第1　企業の概況
    第2　事業の状況
    第3　設備の状況
    第4　提出会社の状況
    第5　経理の状況
    第6　提出会社の株式事務の概要
    第7　提出会社の参考情報
第2部　提出会社の保証会社等の情報
```

■有価証券報告書におけるリスクマネジメント体制の開示項目

前述した有価証券報告書の開示項目のうち、リスクに関する情報開示「事業等のリスク」は、上記の「第1　企業の概況」で開示される。

ただし、投資家向けの開示の性質上、企業が保有するすべてのリスクを網羅的に開示することが、「事業等のリスク」の目的ではない。そこで、ここでは参考として、金融庁総務企画局「企業内容等の開示に関する留意事項について（企業内容等開示ガイドライン）」（2014年8月）から、開示リスクの例を紹介する。

◎ 特異な経営方針
◎ 財務状況の異常な変動に係るもの
◎ 特定取引先・取引の継続が不安定な取引先への依存、ならびに将来性が不明確な特定の製品・技術への高依存
◎ 特有の法的規制等に係るもの、特有の取引慣行に基づく取引に関する

損害
◎ 重要な訴訟事件等の発生に係るもの
◎ 支配的株式を所有する株主との重要な取引に係るもの

「事業等のリスク」を開示するにあたっては、開示すべきリスクを決定しなければならない。開示リスクの決定に向けては、(1) 定期的にリスクを識別し、(2) 評価し、(3) 優先順位付けをした上で、(4) 改善状況のモニタリングを行うという、リスクマネジメントの仕組みが整備されていることが前提条件となる。適正にリスク情報を開示することで、企業のリスクマネジメントの実態をより正しく伝えることは、資本市場における正当な評価の獲得につながる。

■有価証券報告書による開示事例
① TOTO株式会社（有価証券報告書：平成30年3月期）
(1) 有価証券報告書における「事業等のリスク」の概要・特徴

同社のリスク情報開示の特徴は、経営戦略と経営目標に関連付けられたリスク情報を、主体的に開示していることである。「事業等のリスク」においては、経営環境、事業活動に関するリスクのほか、中長期経営計画等に関するリスクも反映されている。それらのリスクが「中長期経営計画等の目標達成」と、事業再編などの「事業構造改革」に分解され、それぞれ経営計画に影響し得る要素が明らかにされている。

(2) リスクマネジメントの概要・特徴

同社のコーポレート・ガバナンス体制においては、取締役は自らの業務執行を実践するために、執行役員を兼任している。また、取締役兼執行役員で構成する経営会議が設置されていることも特徴的である。これは原則月に2回開催され、経営者との審議を経て、業務執行に関する重要事項を決定している。経営目標の達成に関連するリスクに対するモニタリング機能強化のひと工夫といえるだろう。

(3) 分析

　同社は企業の長期ビジョンや事業戦略にまつわるリスク情報を積極的に開示し、ビジネスリスクを把握することができるように工夫している。これには、投資家に実際的な将来予測情報を提供するねらいと同時に、同社が的確にリスク評価を行っていることを示す意味もある。

　投資家が企業業績の将来予測をする際には、その企業が将来に向けてどのような戦略・計画を持ち、取り組んでいるか。その戦略を実現するための体制があるか、といった事項を把握することが重要であるためである。

② 丸紅株式会社（有価証券報告書：平成30年3月期）

(1) 有価証券報告書における「事業等リスク」の概要・特徴

　同社の「事業等リスク」開示には、大きく3つの特徴がある。

　1つ目の特徴は、単なる企業活動に伴うリスクが記載されているにとどまらず、リスクへの具体的な対応「リスク管理について」が明記されている点である。

　2つ目は、濃淡をつけたリスク情報の記載である。グローバルに事業を展開し、様々な商品を取り扱う商社の特性から、外的要因である事業環境の影響を受けやすい市場リスクを「為替変動」「金利変動」など6つの要素に細分化し、それぞれについて具体的かつ、わかりやすい記載がなされている。

　3つ目は、投資家の判断に重要な影響を及ぼす可能性のある事項だけではなく、「営業活動全般に付帯、関連するその他のリスク」という、優先順位が低いと考えられる事項についても積極的に開示している点である。

(2) リスクマネジメントの概要・特徴

　重要な融資等の経営に大きな影響を及ぼすリスクについて、同社では、稟議制度に基づき、投融資委員会での審議を経た上で経営会議に付議され、最終的に経営者が決裁を行う。取締役会の承認が必要な事項については、取締役会に付議した上で承認を取得するというリスク管理体制となっている。

(3) 分析

リスク識別における網羅性と重要リスクが詳細に記載された同社の開示情報から、同社がリスク識別の仕組みを備えていることを知ることができる。さらに、事業目的達成のためのビジネスプロセスに内在するリスクに対する適切な体制が構築されていることは、それぞれのリスクに対する管理方法が明記されている点から推測することができる。このようなリスクに対する積極的開示とリスク管理の取り組み姿勢は、ステークホルダーの信頼をさらに高めることにつながる。

③ オリックス株式会社（有価証券報告書：平成30年3月期）
(1) 有価証券報告書における「事業等のリスク」の概要・特徴

同社のリスク開示情報の特徴は、リスク項目それぞれについて、事業活動に伴う発生可能な潜在的事象と、それによる影響が詳しく記載されていることである。例えば、「ビジネスリスク」は、「事業拡大やM&A、他社との合弁、提携などに関するリスク」と「資産価値の変動に関するリスク」および「その他ビジネスに関するリスク」という3つの大きなカテゴリーに分類されている。さらに、「投資資産の価格変動に伴うリスク」は「保有資産」「リース物件」「担保物件」の価値の下落の可能性という3つの小さなリスク要素に分解され、業種の特性を反映した詳細が記述されている。

(2) リスクマネジメントの概要・特徴

同社は、個別案件のモニタリングを行う審査部門、全社的なリスクのモニタリングを行う経営企画部などに加えて、各事業部門レベルにも担当者を置き、それぞれが連携しながらリスクの分析・管理を行っている。前述した投資資産の価格変動に伴うリスクにおける、リース物件価値下落のリスクに対しては、リース物件の在庫、市場環境、事業環境のモニタリングを行っている。また、不動産物件の価格変動リスクに対しては、キャッシュ・フローの強化でリスク軽減を図るなど、個別リスクに対応するコントロールが整備されていることがわかる。

(3) 分析

投資家が企業の開示情報を読む際には、他社のコピー・アンド・ペーストではない独自の書きぶりとなっているか、社内で十分に吟味された上で書かれているかといった点に注目するといわれている。同社の記載内容は、その事業の特性に結び付いており、多くのリスクが細部まで開示されている。これは、単なる他社横並びのリスク開示ではなく、実態に即した固有リスクの特定・評価がなされていると考えられる。投資家は、企業はリスクの存在をあらかじめ認識しており、それが顕在化した場合の対策も準備しているはずだと考えるため、このことは、株価に対するプラス要因となる。

4 事業報告書

■事業報告書とは何か

事業報告書とは、会社法に基づいて作成が義務付けられた書類であり、当該株式会社の状況に関する重要事項や内部統制システムについての決定、決議の内容について記載するものである。当該株式会社の業種や業態に照らして、会社の概況、会社の財産もしくは損益の状態を、正しく、かつ簡潔明瞭に示すよう工夫することが重要である。

■事業報告書の開示項目

事業報告書に記載すべき主要な項目は、以下のとおりである。

I.　　株式会社の現況に関する事項
II.　　株式に関する事項
III.　 新株予約権に関する事項
IV.　 会社役員に関する事項
V.　　会計監査人に関する事項
VI.　 業務の適正を確保するための体制等の整備についての決議の内容の概要
VII.　株式会社の支配に関する基本方針に関する事項
VIII. 株式会社の状況に関する重要な事項

■ 事業報告書におけるリスクマネジメント体制の開示項目
　上記の事業報告の開示項目のうち、リスクマネジメント体制の整備状況は、上記の「Ⅵ. 業務の適正を確保するための体制等の整備についての決議の内容の概要」で開示される。当該開示項目において会社法施行規則100条1項等に基づきコーポレート・ガバナンスの状況、リスクマネジメント体制、コンプライアンス体制等が開示されるが、どこまで具体的な記載とするかは、企業の考え方によって異なる。

■ 事業報告書による開示事例
① 第一三共株式会社（事業報告：平成30年3月期）
　(1) 事業報告における「業務の適正を確保するための体制」の概要・特徴
　同社は監査役設置会社であるが、任意で指名委員会と報酬委員会を設置している。各委員会の委員長には社外取締役が就任しており、業務執行全般の監督機能強化と経営の透明性確保に積極的に取り組んでいる。

　(2) リスクマネジメントの概要・特徴
　前述のコーポレート・ガバナンス体制を前提として、リスクマネジメント体制構築の基本方針を策定している。リスクマネジメントを具現化するための規程、ルールおよび主管部門を明確化しているだけでなく、主管部門によるリスクマネジメントの運営状況に対して内部監査を実施している。

　(3) 分析
　リスクマネジメント体制の説明に先んじて、コーポレート・ガバナンスに関する体制図が開示されており、同社における経営基盤の全体像を把握することができるよう工夫されている。また、主管部門によるリスクマネジメントの運営状況に対して内部監査を実施しており、リスクマネジメントの有効性を継続的に向上させていこうとする同社の姿勢を知ることができる。

② KDDI株式会社（事業報告：平成30年3月期）

(1) 事業報告における「業務の適正を確保するための体制」の概要・特徴

取締役会は社外取締役を含む取締役で構成され、執行役員制度により権限の委譲と責任体制の明確化を図り、有効かつ効率的に業務を遂行するとしている。また、監査役は取締役会だけでなく、社内主要会議に出席することが可能とされており、業務執行における監督機能強化を図っている。

(2) リスクマネジメントの概要・特徴

取締役等で構成される各種会議体等において、定期的にリスク情報の識別を行っている。識別されたリスクを一元的に管理するリスク管理部門を中核とし、全部門、役職員が連携して同社グループのリスクを管理している。また、経営戦略や経営計画は、ビジネスリスクの分析と事業の優先順位付けの結果に基づいて策定される。

(3) 分析

ビジネスリスクを含む全社的なリスクマネジメントと経営戦略・経営計画の関連性、個別リスクに対応する取り組み状況が明示されている。リスクマネジメントの推進にあたっては、各部門の内部統制責任者が中心となり、自律的に行うとされていることから、同社のリスクマネジメントの実効性は高いと考えられる。

5 ガバナンス報告書

■ガバナンス報告書とは何か

コーポレート・ガバナンスは「企業統治」と訳され、一般に企業を律する枠組みを意味している。コーポレート・ガバナンスを資本市場の観点からみたときに、その中心となるのは、株主と経営者の関係を規定するための枠組みである。企業価値を高める上では、この枠組みを有効に機能させることが重要課題となっている。

上場会社はコーポレート・ガバナンスの状況を投資家に明確に伝えるた

め、東京証券取引所によって「コーポレート・ガバナンスに関する報告書」（以下、「ガバナンス報告書」）の開示が義務付けられている。

■ガバナンス報告書の開示項目

ガバナンス報告書に記載すべき主要な項目は、以下のとおりである。

> (1) コーポレート・ガバナンスに関する基本的な考え方
> (2) コーポレート・ガバナンス体制の状況
> (3) 利害関係者に対する施策の実施状況
> (4) 内部統制システム等に関する事項
> (5) その他（買収防衛策の導入の有無等）

一定の記載要件の下、報告書形式で開示されることにより、企業間におけるコーポレート・ガバナンス情報の比較可能性が保たれていると考えられる。

■ガバナンス報告書におけるリスクマネジメント体制の開示項目

ガバナンス報告書においてリスクマネジメント体制の開示は、上記の「(4) 内部統制システム等に関する事項」で開示されるケースが多い。東京証券取引所の「東証上場会社コーポレート・ガバナンス白書2017」（2017年3月）によると、83.1％の企業が、内部統制システム等に関する事項で「リスク管理」について言及している。これは、内部統制システムの構築義務項目が会社法施行規則に規定されており、これに基づいて内部統制システム等に関する事項を記載する会社が多いためと考えられる。その結果、内部統制システムの構築義務項目の1つである「損失の危険の管理に関する規程その他の体制」について記載するにあたり、リスクマネジメント体制について言及することになる。

■ガバナンス報告書におけるリスクマネジメントの記載ポイント

① リスクの範囲が明確であること

リスクの範囲は企業の業種・業態によって大きく異なるため、リスクの範囲が明示されていることが望ましい。特に近年、上場企業の子会社における不正事例が増加していることも踏まえ、連結ベースの観点からのリスク認識が重要である。

② 組織における責任部門が明確であること

リスクマネジメントに関する各部門の役割、責任者は明確に定義付けられている必要がある。これは、責任者が明確であれば、責任者のリーダーシップの下、リスク対策が強力に推進されることが期待されるためである。また、ガバナンス報告書（上記の「(5)その他」）では、コーポレート・ガバナンス体制が図示されているが、ここでリスクマネジメント関連の部門が明示されていると、視覚的にもリスクマネジメント体制の把握が可能となり有益である。

③ 文書化されていること

リスクマネジメントに関する規定、基本方針、業務マニュアル等の存在が明示されていることが望ましい。そもそもリスクマネジメント業務は目にみえにくいタイプの業務である。そのため、文書化による「見える化」に伴って、業務の標準化が進んでいることが明らかとなる。

■ガバナンス報告書による開示事例

① オムロン株式会社（「コーポレートガバナンス」：2018年6月20日）

（1）コーポレート・ガバナンスの概要・特徴

同社は監査役会設置会社でありながら4つの諮問委員会を設置しており、委員会設置会社のガバナンス体制の優れた面を取り入れた、ハイブリッド型のコーポレート・ガバナンス体制をとっている。コーポレート・ガバナンスに関する基本的な考え方として、冒頭に企業理念を明示している点

が特徴的である。

(2) リスクマネジメントの概要・特徴

社長直轄の組織として「企業倫理リスクマネジメント委員会」が設置されている。同委員会は、「統合グローバルリスクマネジメントルール」に基づき、リスク情報の収集、リスクの分析、リスク対策を行っている。重要なリスクが認識された場合には、執行会議を通じ、グループを横断する全社対応を行っている。

(3) 分析

いずれの諮問委員会も、社外取締役が委員長を務めている点から、意思決定に対する透明性と客観性を高めようという経営陣の姿勢が読み取れる。また、企業理念とコーポレート・ガバナンスを結び付けることにより、全社的にコーポレート・ガバナンスへの取り組みを行っているようだ。さらに、リスクマネジメントに際して「統合グローバルリスクマネジメントルール」に基づく全社的対応を行っていることから、国内にとどまらず、海外を意識したマネジメントにも取り組む姿勢がうかがえる。

② 株式会社りそなホールディングス（「コーポレートガバナンス」：2018年9月28日）

(1) コーポレート・ガバナンスの概要・特徴

同社は、2003年6月に公的資金の注入を受けたことを踏まえ、委員会設置会社へと移行している。各委員会のみならず、取締役会の構成も社外取締役を過半数としている点が、大きな特徴である。

(2) リスクマネジメントの概要・特徴

リスクの一例として、同グループの主要リスクである「信用リスク」については、厳格な「与信審査管理」と、リスク分散に重点を置く「ポートフォリオ管理」を2つの柱と位置付け、管理を行っていることが示されている。

(3) 分析

前述したように、「委員会設置会社」は経営と執行が明確に分離される点で、コーポレート・ガバナンス上、望ましい組織体系といえる。さらに同社では、各委員会だけでなく、取締役会についても独立性の高い社外取締役を過半数とすることで、経営の透明性と客観性を高めているようだ。

「信用リスク」に関する重点事項の設定は、過去に発現したリスクへの対応の経験に基づくものであり、積極的な是正・改善活動が行われていることを読み取ることができる。

6 CSR 報告書

■CSR とは何か

現時点では、「CSR (Corporate Social Responsibility)」という用語の統一定義は存在しない。トーマツでは、CSRを、企業が当然担う責任としての側面のみならず、ステークホルダーへの付加価値提供までをも含む概念として捉えている。リスクマネジメントの観点からは、バリュープロテクションを適切に遂行することが肝要であり、CSR活動とその報告はリスクマネジメントと密接に関係している。

図表Ⅱ-3-2 トーマツの考えるCSR

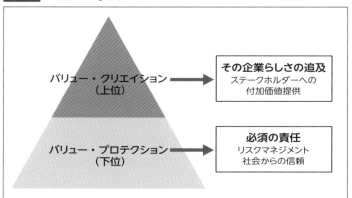

出所) 有限責任監査法人トーマツ作成

■ **CSR から CSV へ**

　現在、CSR は「CSV（Creating Shared Value ／共通価値の創造）」の段階に達している。これは、企業の本来的使命である経済価値の提供が、本業とリンクする CSR 活動を通して社会への価値還元をもたらすという、いわば「win-win」の考え方である。前述したトーマツの枠組みでは、バリュークリエイションの部分に重きを置いた考え方といえるだろう。

■ **CSR 報告書の役割と効果**

　CSR 報告書の効果的な開示を行うためには、まず、その目的を理解しなければならない。CSR 報告書は主に、(1) 社会からの信頼度・企業イメージの向上、(2) 社内の意識・モラルの向上、(3) SRI ファンドの評価向上といった目的で開示される。(1) は対外的な視点であり、企業と社会との関係を良好に保つことで、価値の還元と事業の発展を促進する。(2) は対内的な視点である。社内の意識向上は、より良い事業運営環境・組織の土壌を作る基礎となるものである。(3) は、近年国連の「責任投資原則」にみられるような、企業の非財務的価値に比重を置くようになってきた投資家を意識した視点である。開示に際してはこれらの目的を念頭に置き、「誰に、何を」発信するのか、という点を忘れてはならない。

■ **CSR 報告書の開示項目**

　CSR 活動の範囲は幅広い。極論すれば「共通価値の創造」が可能である限り、テーマは問わないのである。下記の図は、CSR の主要なテーマをまとめた枠組みの例である。

図表Ⅱ-3-3 CSRの主な活動テーマの例

品質CS	安全	雇用	人権	社会貢献	個人情報保護

コンプライアンス	環境	コーポレートガバナンス

リスクマネジメント

情報開示

情報セキュリティ

出所）有限責任監査法人トーマツ作成

■ CSR報告書におけるリスクマネジメント体制の開示項目

　前述のとおり、CSR活動および報告の範囲は多岐にわたるが、ここでは、リスクマネジメントに関する報告に焦点にあてる。

　自由度の高いCSR報告においては、内部統制システム等、特定のテーマに限定する必要はない。近年のトレンドとしては、リスクマネジメント体制の全般的な整備状況、情報管理、事業継続計画への取り組みなどがあげられる。先にあげたトーマツの枠組みにみられるようにリスクマネジメントの範囲は幅広く、広義では企業のリスクに関わる分野からイメージ保持に関わる分野まで、あらゆる取り組みが開示項目となり得る。

■ CSR報告書における開示のポイント

　「誰に、何を」発信するのか。前述のとおり、開示のポイントは、この点を意識することに尽きる。これをより具体的なレベルに落とし込むためには、以下のことに留意する必要がある。

　① CSR情報の正確性・信頼性を担保する

　近年の世界的な潮流として、非財務・任意情報の開示が法制化されつつ

ある。これに伴い法令違反とならないよう、社会に対して正確かつ信頼性ある情報を開示することが必須となっている。

② 中長期的ビジョンとその実行に関する記載をする

投資家に対しては、中長期的なビジョンを示すだけでなく、自社がその実行力を備えていることを発信すべきである。複数年度にわたって特定企業のCSR報告を注視すると、当該企業が継続的な視点を持っているか、あるいは前年度の取り組みが立ち消えとなっていないかなどを読み取ることができる。

③ 適切な開示形態を選択する

開示形態は読者の設定に大きく依拠し、CSR報告書としての開示は必須ではない。例えば、CSR活動を採用に活かしたい場合は採用ホームページに、投資家に対して事業とCSR活動の整合性を訴求したい場合は統合報告とするなど、目的に合わせた形態の選択が肝要である。

④ 第三者による審査を受けること

規制の多い事業や公的な性格を求められる企業では、第三者機関による審査を経ることで、社会に対して安心感を発信することができるだろう。

■ 総括

以上のように、CSR活動は、効果的に実行・報告ができれば、企業および社会への価値を提供する有効な手段となる。一方で、事業規模に見合わない規模の活動や、適切でない報告方法選択した場合には、企業価値を毀損することにもつながりかねない。

そのため、CSRを考える上では、戦略立案がきわめて重要であり、事業展開とCSR活動の適切なバランスの見極めと、企業が目指すCSRのイメージや開示の目的に即した報告体制を構築していく必要がある。

■CSR報告書による開示事例
　① JTグループ(「JTグループサステナビリティレポート2017」(2017年6月公表))
　　(1) CSR報告書の概要・特徴
　JTグループでは、グローバル・レポーティング・イニシアチブ（GRI）の定めるサステナビリティ・レポートガイドライン第4版」(G4)の標準開示項目に則りCSRについての考え方やグローバルでの取り組みを記載している。何よりも特徴的であるのは、英語版を正本としている点である。また、グループの経営理念は、顧客、株主、従業員、会社の4者に対する責任を高い次元でバランスよく果たし、4者の満足度を高めていく考え方であり、サステナビリティの基盤であることを冒頭に説明している。

　　(2) リスクマネジメント体制の概要・特徴
　さまざまな事業をグローバルに展開しているため、複雑かつ幅広いリスク要因をグループ全体で認識し適切に対処していくグローバルなリスクマネジメントの体制構築に取り組んでいることが記載されている。

　　(3) 分析
　このサステナビリティレポートからは、同グループがグローバル企業であることを世界に向けて発信する、という開示目的が推察される。先進国の中でも、日本は世界から人権に対する意識の低さを指摘されて久しく、これはグローバル展開上の主要課題でもある。そのため、人権尊重への取り組みを英語で報告するというスタイルは、「誰に、何を」発信するかという点において、きわめて合目的的な開示方法であるといえる。一方で、最後に「組織統治」についての言及を加えることで、堅実な姿勢も印象付けている。

② キリンホールディングス株式会社(「キリングループ統合報告書2018」)

(1) CSR報告書の概要・特徴

冒頭でCSRに対するグループとしての姿勢を述べた上で、個々のテーマへの取り組みを詳述するという構成をとっている。特筆すべきは、「CSVを事業運営の根幹に据え、経済価値と社会的価値を高める」と題してCSVを目指すこと、またそれが長期経営構想と密接に関連すること、ステークホルダーとともに価値を創造していく旨を明言している点である。さらに同報告書では、PDCAサイクルを実行していくためのCSVの推進体制についても言及している。

(2) リスクマネジメント体制の概要・特徴

リスクマネジメントの推進につき、リスクのグローバル化、複雑化を背景に海外連結子会社までも対象とし、グループ全体でリスクマネジメントの強化に取り組んでいることを明記している。

(3) 分析

CSR全般に関するグループとしての取り組み姿勢を大々的に記載し、個別テーマであるリスクマネジメントについても、海外子会社を含むグループ全体での推進を明言するという一貫した姿勢が読み取れる。投資家や社会に対し、中長期的な視点で堅実に取り組む姿勢を発信する同報告書は、「社会的信頼度の向上」という目的を達成するための好例といえるだろう。

第Ⅲ部
顕在化した危機への対応

 「リスクマネジメント」と「クライシスマネジメント」

 クライシスマネジメントとは、「必然」に備えること

 経営者のリーダーシップがクライシスマネジメント成功の鍵

 危機を最小限に食い止める、事前に整備されたクライシスマネジメント体制と部門間の連携

 「ポジションペーパー」作成による、対マスコミ基本姿勢の徹底

第1章 クライシスマネジメントの全体像をつかむ

1 クライシスマネジメントを定義する

　クライシスマネジメントは、広義では、本書**第Ⅰ部**および**第Ⅱ部**で解説したリスクマネジメントに含まれる考え方だが、本書では、リスクマネジメントを「潜在的なリスクの発現可能性を低減させる活動」、クライシスマネジメントを「顕在化したリスクであるクライシスの影響を低減させるための活動」と定義する。

図表Ⅲ-1-1 リスクマネジメントとクライシスマネジメント

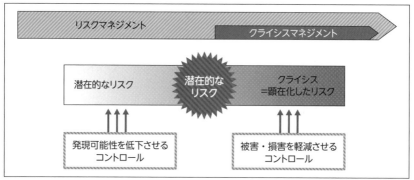

出所）有限責任監査法人トーマツ作成

　したがって、本章では、事象の発生から、事象の特定・必要な関係者への連絡と対応チームの組成、状況確認・被害軽減のための対応、復旧・ビジネス再開の準備と実行、原因究明と再発防止策の策定といった一連のプロセスと、社内外の利害関係者やメディアとのコミュニケーションを「クライシスマネジメント」として扱う。

2 クライシスマネジメントとは、いつ・どこで起こるか わからない「必然」に備えること

　リスクを完全に排除することができない以上、クライシスの発生はいわば「必然」といえる。ただし、「いつ・どこで発生するか」を予測することは困難である。例えば、地震国である日本で事業を運営する以上、企業は常に地震災害のリスクにさらされている。一方で、事業継続に影響を与える大地震の発生時期・発生場所の予測は難しい、というように、私たちは「いつか」「どこかで」発生するクライシスに備える必要がある。

　「いつか」「どこかで」発生するクライシスへの備えとしては、平常時から、リスクの識別・評価結果に従い、クライシスが顕在化した場合に影響が大きいと判断されたリスクへの体制および対応策を、クライシスマネジメントの一環として、あらかじめ準備しておくことがあげられる。だが、これらの対応策は策定するだけでは意味がない。各担当者が対応策に則った行動を実行できるよう、日ごろから教育や訓練を実施しておくことも重要である。さらに、訓練や実際のクライシスに際して、マニュアルの不備が確認された場合には、マニュアルも改善する必要がある。

図表Ⅲ-1-2 クライシスマネジメントの一般的なプロセス（平常時）

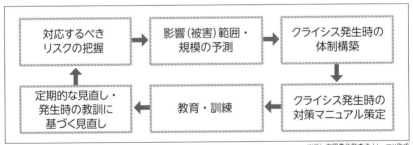

出所）有限責任監査法人トーマツ作成

3 企業が対応するべきクライシスの類型

それでは、クライシスマネジメントが対象とする「クライシス」には、どのような事象があるのだろうか。これまでに解説してきたように、企業は様々なリスクにさらされている。それと同様に、リスクが顕在化した事象であるクライシスにも様々な類型が存在し、その影響も多岐にわたる。

図表Ⅲ-1-3 企業が直面するクライシスの例示

自然災害	地震、風水害、異常気象、伝染病など
事故	火災・爆発、設備事故など
事件	対企業犯罪（脅迫・嫌がらせ、盗難など）、風評被害など
不祥事	企業内トラブル（役職員の事故・犯罪、ハラスメントなど）、製造物責任、情報漏えいなど

出所）有限責任監査法人トーマツ作成

ただし、すべての事象が事業に重大な影響を与えるとは限らない。そのため、あらゆる事象を網羅的に想定したクライシスマネジメント体制を整備するのではなく、ビジネスへの影響を重点的に考慮した対策を検討することが必要となるわけである。

対応すべき事象は、各企業の事業内容や事業を営む場所、取引先との関係など、様々な要素によって決定されるため、それぞれの事象が発生した際にどのような影響が生じるのかを検討していく。例えば、「自然災害」の場合には、交通網の麻痺による人的資源の不足、事業拠点の損壊による操業停止、取引先の操業停止による調達停止など、発生するクライシスにより影響する期間・大きさも異なってくる。

また、企業のビジネス環境の変化に伴って、リスクも変化することに注意したい。事業の拡大や新規事業への参入などといった自社の変化、企業不祥事に対する消費者の意識の変化、瞬時に情報を拡散させるSNSの登場といった様々な環境の変化に応じて、リスクや対応するべき危機も変化していく。そのため、定期的なリスク評価・見直しが重要となるのである。

図表Ⅲ-1-4 シナリオ分析

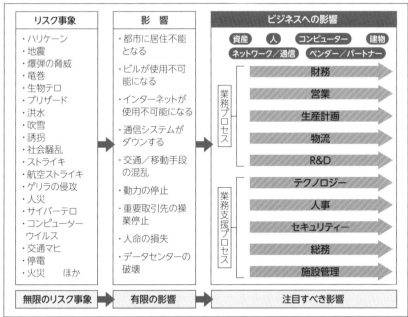

出所）監査法人トーマツ編『リスクインテリジェンス・カンパニー』（日本経済新聞出版社、2009年）

4 二次災害の防止もクライシスマネジメントの目的

　大規模な地震などの発生時には、振動による建物損壊等だけでなく、余震や地盤の液状化、建物の倒壊などの二次災害を伴うことがある。これらの二次災害の防止もクライシスマネジメントの目的に含まれる。例えば、災害時であれば、一次的な被害状況の把握に加えて、二次災害防止のための施設等の点検や応急措置、必要に応じて従業員の避難や機器の停止等の措置をとることが必要となる。また、余震や降雨、津波など、二次災害を引き起こす要因に関する情報収集を行い、関係者に適切に伝達する必要がある。

　これらの活動をスムーズに行うために、事前の準備が必要であることはいうまでもない。クライシスマネジメントにおいては、想定されるクライシスに対して、二次災害の危険性を想定した対策を講じること、指揮命令

系統の周知を徹底することが特に重要である。また、平常時とは異なる緊張の中で不慣れな活動に従事する担当者に対しては、手続きのチェックリストを用意するなど、エラーを予防する仕組みを用意しておくことも有効である。

さらに、自然災害だけでなく、不祥事等においても二次災害が発生し得ることにも注意したい。メディア対応時の不用意な発言や情報開示の不備・不足、従業員の対応等が批判にさらされ、不祥事そのものによる直接の損害だけでなく、不祥事への対応の不備による風評の毀損といった副次的な損害を被る可能性がある。このような二次災害についても、平常時からの準備と教育・トレーニングが有効である。

5 クライシスマネジメントにおける損得勘定

人命を脅かすような危機への対応に、「損得勘定」を持ち出すことは不謹慎と思われるかもしれない。しかし、目先の損得勘定によってクライシスマネジメントを誤る企業が存在することは事実である。

製品事故などが発生した場合に、「回収費用」と「死亡事故に対する賠償費用」を天秤にかけた企業が存在したことが製造物責任法の厳罰化につながったように、昨今の不祥事においても、事実を知りながら対策を講じなかった企業、事実を隠蔽した企業、およびその経営者に対する制裁が厳しくなっている。

> **事例1**
>
> 　ガス器具ならびに各種機械器具の製造等を行うA社では、販売した製品による死傷事故が1985年から2001年の間に13件発生し、15名が死亡、14名が負傷した。
> 　死傷事故の発生原因には修理業者による不正改造があったものの、A社社長および取締役品質管理部長は、製造者および販売者として、13件の事故のうち12件については事故の発生と原因を把握していたとされる。しかしながら、A社では適切な情報開示・注意喚起や販売された機器の点検・回収といった安全対策を講じず、最初の事故から20年後の2005年に死傷事故を発生させるに至った。

　この事例では、その後の裁判において、社長および取締役に対して、安全対策を構ずべき業務上の注意義務があったことに触れられており、販売した製品の点検・回収等の措置を講じなかった過失による業務上過失致死傷罪の判決が下された（東京地方裁判所平成22年5月11日判決（判例タイムズ1328号241頁））。経営者は事故の発生を認識しており、発生原因を把握していた以上、同一製品や類似製品においても同様の事故の発生を予測し、対応するべきであったとして、企業側の責任が追求された例である。

⑥ クライシスマネジメントは経営者の責任

　クライシスマネジメントにおいては、特に経営者のリーダーシップが重要となる。非常事態の緊急対応という状況において、経営者は最高責任者として、様々な意思決定を行う必要があり、特に対応内容によっては、経営者以外では行うことができない判断（例えば、多額の金銭的な影響を伴う意思決定など）を下す必要が生じるためである。

　また、危機にさらされている企業に社会の注目が集まっている場合、メディアを含めた外部の視線は、経営者に集中する。そのため、経営者のメディア・外部関係者とのコミュニケーションは、クライシスマネジメントにおける非常に重要な要素といえる。

事例2

　1982年、ジョンソン・エンド・ジョンソン社が販売する頭痛薬「タイレノール®Extra Strength（Capsule）」に毒物が混入する事件が発生した。同社は、事件発生直後に、市場に供給されている製品の全品回収とマスコミを通じた積極的な情報開示を行った。

　全品回収に伴う損失額は1億ドル以上（当時の日本円にして約280億円）といわれるが、顧客への責任を最優先に考えるという企業理念に基づいた、すばやく的確な対応は、消費者や政府・産業界から高く評価された（ジョンソン・エンド・ジョンソン　ウェブサイト「タイレノールものがたり」（http://tylenol.jp/story02.html）参照）。

　この事例のように、多額の損失を伴う意思決定を行うためには、最高責任者である経営者が危機の重大性を十分に認識し、顧客への責任を最優先に考えるという理念を持っていることが前提となる。

　さらに、事例の企業では、事態の収束後に異物混入を防ぐ新パッケージを開発するなど、積極的に事件の再発防止に取り組んでいる。これも経営者のリーダーシップと従業員に対する企業理念の共有がなされていることの表れであろう。

第2章 クライシスマネジメントの基本理解と実務範囲

1 企業を取り巻くクライシス

これまでに説明してきたとおり、企業は様々なリスクにさらされており、これらのリスクが顕在化したクライシスも同様に、様々なパターンと影響が想定される。発生したクライシスによっては、社内外を問わず、企業を取り巻くあらゆる環境に影響を及ぼす可能性がある点にも注意したい。

図表Ⅲ-2-1 クライシス時に考慮すべき環境変化（例示）

内部環境	○ 対応可能な人的資源への影響（災害等の出社が困難な状況、深夜・長期休暇取得者の多い時期など） ○ 対応に必要な社内インフラへの影響（情報システムの障害など） ○ 従業員への心理的な影響（事件・事故等による不安など）
外部環境	○ 対応に必要な社外インフラへの影響（輸送網のダメージなど） ○ 取引先・サプライヤーの事業への影響（操業停止など） ○ 報道関係者、取引先・消費者への心理的な影響（不祥事における悪印象など）

出所）有限責任監査法人トーマツ作成

特に、不祥事や自社に起因する事故などが発生した場合には、取引先や消費者の心証を大きく損なうことが懸念されるため、コミュニケーションには細心の注意が必要となる。また、これらの事象が発生した場合には、社会的な注目の高まりに応じて報道が加熱する可能性も高まってくる。

> **事例 1**
>
> 　大手食品会社大阪工場製造の「低脂肪乳」等を原因とする食中毒事件は、2000年6月27日に最初の届出がなされて以降、報告された有症者数は1万4,780名に達するなど、近年、例をみない大規模食中毒事件となった。
> 　被害者数の多さ、当該企業の知名度の高さから、本件は社会的な注目を浴び、メディアによる連日の報道が行われた。さらに、当該企業側の情報開示、原因究明と報告の遅れ、記者会見等において露呈した企業内コミュニケーションの不足、社長の失言等により、報道はますます加熱し、社長の失言が繰り返し報道された。これらの報道は、消費者の企業に対する印象に大きく影響を与えたと推察される。
> 　当該企業は、この2年後にも子会社による食肉産地の偽装事件を起こしている。特に、2件目の事件は組織的かつ大規模な偽装工作が発覚したことから、企業に対する信頼は失墜し、ついには企業が解散するまでに至った。
> 　なお、新聞報道によれば、2002年11月時点の消費者調査（日経新聞2003年1月23日朝刊）において、回答者の47％が、同社製品を「購入したくない」と回答したとされる。

　本事例のように、昨今は、情報開示の遅れ・不足や経営者の失言など、不祥事発生後のメディア対応の不備による影響が、企業の命運を左右することも珍しくない。現在の企業にとって、不祥事発生時のメディア対応は極めて重要な課題といえる。

　そのため、本章においては、一般的なクライシスマネジメントと不祥事発生時のクライシスマネジメントの実務とを分けて解説する。

2 クライシスマネジメントの基本的な体制

　まずクライシス対応において重要なのは、役割の明確化と徹底である。
　クライシス対応においては、対応の早さと正確さが平常時以上に要求される。例えば、災害発生時の避難を要する状況下で、避難指示の遅れや伝達ミスがあれば、人命をより大きな危険にさらすことにつながってしまう。また、事故等における原因究明の遅れ、内容の誤りが生じると、再発による被害の拡大が懸念される。

また、緊急事態においては、複数の部門が協力して事態の収束に努めなければならない。例えば、製品事故によってリコールが必要となった場合、流通在庫の調査、回収ルートの検討、事態の公表や製品に関する注意喚起・回収に関する広報、回収した製品への調査、といった様々な対応に、1つの部門が単独であたることは不可能である。通常から流通状況を把握している部門、物流を管理する部門、広報を主管する部門、生産・生産管理をする部門といった様々な部門の関与がなければ、速やかな対応を実現することはできない。各部門の円滑な協力体制による迅速なクライシス対応を実現するためには、各部門の役割を明確化と徹底が不可欠であり、それを主管する事務局が重要な役割を果たすことになる。

■ **自社にとっての影響の大きさを考慮し、クライシスとして定義する**

　クライシスマネジメントの初動においては、適切な部門の適切な担当者に、必要な情報が伝達されることが何よりも重要である。

　前章③「企業が対応するべき危機の類型」において述べたように、企業が直面するクライシスには様々な事象が想定される。さらに、クライシスの類型によって対応すべき部門は異なる。そのため、自社にとって重大な影響が認められるクライシスについては、必要な整理を行い、クライシスに対する体制を整備しておく必要がある。

　例えば、顧客・取引先の事業継続に影響を与える事象（顧客・取引先の倒産、違法行為など）や自社の業務に影響を与える事象（通信ネットワークの断絶、原材料供給の停止など）といった業務に関連して発生するリスクのほか、地震・風水害や航空機事故、テロといった業務とは無関係に発生するリスクから、自社にとっての影響の大きさ・発生可能性を考慮し、緊急事態として定義する。その上で、これらの事態が発生した場合の対応の主導者、その具体的な役割についても検討を行っていく。

　また、ここでは、併せてクライシスが事業の継続に与える重要性の検討も行う。輸送中の事故による製品の破損のように影響範囲が限定される事故と、製品の重大な欠陥による大規模リコールのように社会的な影響の大

きな事故では、関係する部門や意思決定の内容も異なるためである。そのために、自社にとって「起きているクライシスの深刻さはどの程度か」を判断する基準を策定する。

図表Ⅲ-2-2 クライシスマネジメントマニュアルにおける定義の例

当社にとっての「緊急事態」とは、次の例を含め、当社の事業の継続性に影響を与える可能性が高い状態をいう。

○ **業務に関連して発生する事象**
　通信ネットワークの断絶
　大規模リコール
　取引先の倒産
　取引先の違法行為

○ **災害 等**
　地震
　台風・風水害
　火災
　テロ 等

○ **重要性**

	レベル1	レベル2	レベル3
定　義	○他の拠点への影響がない ○緊急対応が正常にとられた	○他拠点に影響を与える可能性がある ○他拠点の支援を必要とする	○他拠点／部門や経営上の影響がある ○全社的な体制を必要とする
例　示	○水害・洪水 ○集団欠員	○IT障害 ○重要な取引先の不稼動	○長期にわたる重大なデータ障害 ○施設の消失

出所）有限責任監査法人トーマツ作成

　クライシスのレベルに応じて、対策を指揮する危機対策本部長（重大なクライシスであれば経営者）、危機対策本部事務局長（リスク管理部門長、総務部門長等）、危機対策本部事務局といった中心となる担当者を選定する。また、クライシスの類型により、関連する部門を召集する。
　さらに、これらの責任者や担当者がクライシス発生時に対応不可能な場合（長期の不在、被災・負傷等）に備え、代行者とその代行順位を定めておくことも重要である。また、本社機能が損害を受けた場合に備えて、代

替拠点を設定しておくことも有効である。

■ **クライシス時の円滑な初動のため、連絡手段を整備する**

クライシス対応の責任者と担当者には、クライシス対策の策定や関連部門への連絡、各部門における対応主導者からの連絡・報告を受ける役割がある。これらを円滑に遂行するためには、緊急連絡方法の整備と所属する役職員への周知徹底をしなければならない。特に、平常時に使用している電話や電子メールが使用できない場合に備えた緊急の連絡手段の整備、自部門の上司や同僚・部下と連絡がとれない場合の連絡先等についても備えが必要である。

図表Ⅲ-2-3 連絡手段の整備

出所）有限責任監査法人トーマツ作成

■ **クライシス時の役割分担を含めた体制図を整備する**

クライシス対応が開始されると、危機対策本部事務局長は、発生したクライシスの性質や影響を考慮し、必要な部門を含む危機対策本部を組成する。この際、必要なすべての部門を召集できなければ、対応の遅れや致命的なミスにつながるおそれがある。そのため、重要なリスクについては、平常時からクライシス対応に関係する部門・担当者の役割分担を含めた体

制図を整備しておくべきである。

　円滑なクライシス対応を実現するためには、体制の整備だけでなく、平常時の訓練や訓練の結果に基づく見直し等を実施することが肝要である。

図表Ⅲ-2-4　クライシス対応に関係する部門・担当者の役割分担と責任の例

役　割	責　任
危機対策本部	○ 活動を主導し、連絡拠点となる ○ クライシスの状況に関する報告を受ける ○ クライシスマネジメントチームの意思決定を集約する ○ クライシス対応の収束を判断する　ほか
危機対策本部事務局	○ クライシスマネジメント計画の策定・導入・更新を行う ○ 危機対策本部を組成する　ほか
法務部門	○ 危機対策本部から照会を受けた状況に対し、法的解釈や行政手続に関する助言を提供する ○ 危機対策本部における意思決定に法的責任が考慮されていることを明確にする　ほか
総務部門	○ オフィスの損害状況を見極め、オフィスが使用可能であるかを判断する ○ 施設やデータセンターの移転が必要な場合の交渉をする　ほか
リスク管理部門	○ 従業員の人命・安全確保のための手段を講じる ○ 損害を受けた施設の安全確保に努める　ほか
人事部門	○ 必要に応じて従業員の緊急連絡先への連絡を行う ○ 人的な被害状況の調査を行い、報告する　ほか
情報サービス部門	○ 損害状況の調査を行い、状況を把握する ○ ITインフラの復旧に努める　ほか
顧客サービス部門	○ 各部門と連携し、顧客の損害状況を把握する ○ 損害を受けた顧客に適切な手立てを案内する　ほか
広報部門	○ 報道メディア対応をする ○ プレスリリースを準備する ○ 社内コミュニケーションを支援する　ほか
IR部門	○ 内外コミュニケーションについて広報部門と協調する ○ 投資家に対するコミュニケーションを指示し、管理する　ほか
財務部門	○ 損害状況の把握（金額的影響）を行う ○ 継続が必要なビジネスの経費等を管理する ○ 保険会社等との連絡を行う　ほか
事業部	○ 業務継続計画（BCP）を発動させる ○ 自事業部に関連する状況の報告を行う　ほか

出所）有限責任監査法人トーマツ作成

③ 情報を確認、整理、そして分析する——製品事故のケース

　正確な情報を速やかに入手し、それらを整理・分析することは、あらゆる事業活動において重要だが、とりわけクライシス対応においては、その重要性が増してくる。被害を最小範囲にとどめることや二次災害を防止するために、迅速かつ慎重な対応が求められる一方、十分な情報を待たずに意思決定を行うことには、非常に危険が伴うものである。

　ここでは、製品の不具合による深刻な事故が発生し、リコールの可能性があるケースを例に、情報の入手、整理、分析の手順を確認する。

■製品事故発生時の情報の入手、確認

　最初に製品の不具合に関する情報を入手した従業員は、それを速やかに上長および必要な関係者に連絡する。連絡を受けた適切な責任者または担当者は、社内の判定基準に照らし合わせ、その事象をクライシスとして取り扱うべきか否かを検討する。クライシスとして認識された場合には、さらにその重要性（クライシスのレベル）を判断し、危機対策本部を立ち上げる。

　危機対策本部では、あらかじめ定められた役割に従って問題となっている製品と関係のある情報を収集し、原因の解明を行う。その結果、当該製品の不具合が影響を及ぼす範囲や影響の大きさを検討する。

　情報収集の遅れは、対応の遅れにつながる。そのため、平常時から意思決定に必要な情報が迅速に収集される仕組みを構築し、行動手順等を教育・訓練しておくべきである。また、事態の性質によっては（例えば、製造する製品が食品等であれば、保健所等への届出が必要になる可能性があるといったケースなど）行政への対応が必要となる場合がある。例えば自社のビジネスに関係のある業法については、日ごろから情報を入手しておき、緊急時のマニュアル等に含めることが望ましい。

図表Ⅲ-2-5 クライシス対応の流れ

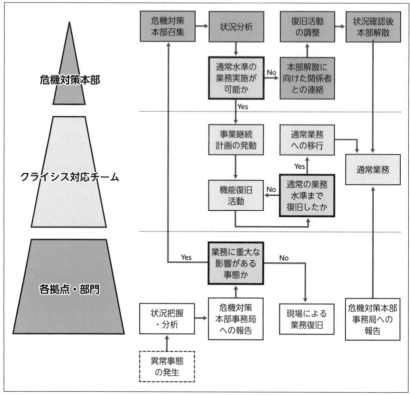

出所）有限責任監査法人トーマツ作成

■ **製品事故発生時の情報の整理**

緊急時に必要となる情報をあらかじめ定義しておくことで、円滑な対応が可能になる。初期に収集する情報を以下に例示する。

　　◎ クライシスの内容および現状
　　◎ 発生原因の推定
　　◎ 対応状況
　　◎ 人的・物的被害状況
　　◎ 対応スケジュール
　　◎ 過去の類似事案等発生の有無

◎ 自社の責任の有無

これらの中には、自社内の確認にとどまらず、必要に応じた専門家による助言も含まれる。例えば、健康被害が発生が報告されている場合には医療関係の専門家から、法的責任等が問題となる場合には法律関係の専門家から、といった具合に、問題となる分野の専門家から必要な情報を得るのである。

さらに、製品の事故等が発生した場合には、リコールの要否を検討するため以下のような対応が求められる。

① 製品事故内容の整理、国への報告

製品事故等の内容・状況の整理
i 製品事故内容の確認
 ・情報の入手元
 ・発生状況(いつ、どこで、だれが、なにを、どうした、なぜ)
 ・消費者からの事故及び苦情申合わせ内容に基づき、製品側からの検証
 ・申し出製品の製造及び検査工程での異常発生の有無の調査
 ・現時点における被害の状況及び被害者への対処状況
 ・関連する問い合わせ、クレームの状況
ii 法律に基づき事故内容を国(消費者庁)に報告
 ・報告義務の課せられた重大製品事故(死亡、重傷病事故、後遺障害事故、一酸化炭素中毒、火災)であるか確認
 ・報告内容(事故発生日、被害の概要、事故内容、事故への対応、製品の名称、機種・型式、製造・輸入・販売数、事故発生を知った日)について速やかに確認
 ・事故の発生を**知った日から10日以内に報告**
iii 重大製品事故以外の場合は、NITEに報告
 ・事故につながる可能性のある不具合情報も含めて、NITEに報告
iv 過去の同様事故およびクレーム情報(内容、件数等)の整理
v 事故の多発可能性や拡大可能性の検討
vi 原因の推測

vii 関連事業者の状況等の確認
　・販売事業者又は流通事業者への対応状況
　・部品納入業者等の関係企業における対応状況
viii 関係当事者間の責任分担関係の確認・検討
ix 賠償措置の対応の確認
　・PL保険の適用の有無
x 原因究明の実施体制の検討
xi 法的な責任等の確認
　・製造物責任法・民法上の責任の有無
　・警察、消防等による事情聴取の有無
　・行政機関等への報告義務の有無

出所）経済産業省「消費生活用製品のリコールハンドブック2016」(http://www.meti.go.jp/product_safety/recall/handbook2016.pdf)

② 事故の兆候に関する情報の整理等

事故の発生を予見させる欠陥等の兆候に関する情報の整理及びおよび結果の予測
i 情報の入手元の確認
ii NITEに対する報告を提出
iii 過去の同様情報及びクレーム情報（内容、件数等）の整理
iv 予測される事故内容の検討
　・内容、重大度
　・対象者
　・残留リスクの大きさの評価
　・事故の多発や拡大の可能性
v 原因の推測
vi 関連事業者への影響等の予測
　・販売事業者又は流通事業者への対応
　・部品納入業者、修理事業者、設置事業者等の関係企業における対応
vii 関係当事者間の責任分担関係の検討
viii 賠償措置の対応の確認
　・PL保険の適用の有無

ix 原因究明の実施体制とスケジュール等の検討
x 法的な責任等の予測
- 製造物責任法上の責任の有無
- 警察、消防等による事情聴取の有無
- 行政機関等への報告義務の有無

出所）経済産業省「消費生活用製品のリコールハンドブック 2016」（http://www.meti.go.jp/product_safety/recall/handbook2016.pdf）

③ 製品の販売経路、追跡情報の把握と整理

製品の販売経路、追跡情報の整理
i 製品の特定
- 製品名、型番、ロット番号、シリアル番号等
- 設計、製造又は販売の時期
- 販売経路

ii 出荷先・販売ルートの特定
- 自社の販売店だけか
- 大手家電、まちの電機店、通販など

iii 流通及び販売数量の確認
- 市場における流通量
- 社内在庫量
- 生産計画段階の予定数量

iv 消費者の特定
- 長期制度で登録状況、PCの登録状況など

出所）経済産業省「消費生活用製品のリコールハンドブック 2016」（http://www.meti.go.jp/product_safety/recall/handbook2016.pdf）

④ 周辺情報の把握と整理

周辺情報の把握や整理
i 意見を聞くべき専門家の検討
ii 内外の関連技術情報の確認及び把握
iii 同様の事故等の確認（他の企業、他の業界の状況）

出所）経済産業省「消費生活用製品のリコールハンドブック 2016」（http://www.meti.go.jp/product_safety/recall/handbook2016.pdf）

■ 製品事故発生時の情報の分析

収集した情報は事務局が取りまとめ、危機対策本部への報告を実施する。危機対策本部において情報を分析し、対応戦略等を検討する。

製品事故であれば、被害状況等に応じて、リコールの要否や行政への届出等を検討する必要がある。

4 原因を解明する―製品事故のケース

再発の防止や類似した事故等を防止するといった目的に加え、重大な製品事故等については、求められる行政への報告・公表に対応する目的からも、事故原因の解明は重要な作業である。例えば、消費生活用製品であれば、消費生活用製品安全法に基づく、製品事故情報報告・公表制度に従った対応が必要である。このような事態の発生時には、事故原因等を含めた情報の届け出が必要となる。

図表Ⅲ-2-6 製品事故情報報告・公表制度

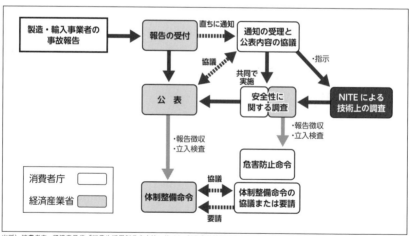

出所）消費者庁・経済産業省「消費生活用製品安全法に基づく 製品事故情報報告・公表制度の解説～事業者用ハンドブック 2018 ～」(http://www.meti.go.jp/product_safety/producer/guideline/file/handbook_1.pdf)

例えば、以下のような観点から事故原因を解明する。

図表Ⅲ-2-7 事故原因区分表

	区分記号	事故原因区分
製品に起因する事故	A	専ら設計上、製造上又は表示に問題があったと考えられるもの
	A1	設計不良
	A2	製造不良
	A3	品質管理不十分
	A4	表示又は取扱説明書の不備
	B	製品自体に問題があり、使い方も事故発生に影響したと考えられるもの
	B1	設計不良で使い方も事故発生に影響
	B2	製造不良で使い方も事故発生に影響
	B3	品質管理不十分で使い方も事故発生に影響
	B4	表示又は取扱説明書の不備で使い方も事故発生に影響
	C	製造後長期間経過したり、長期間の使用により性能が劣化したと考えられるもの
	C1	経年劣化
製品に起因しない事故	D	業者による工事、修理、又は輸送中の取扱い等に問題があったと考えられるもの
	D1	業者の設置・施工不良
	D2	業者の修理不良
	D3	業者による輸送中の取扱いの不備
	E	専ら誤使用や不注意な使い方と考えられるもの
	E1	消費者の誤使用
	E2	消費者の不注意
	E3	消費者の設置・施工不良
	E4	消費者の修理不良
	F	その他製品に起因しないか、又は使用者の感受性に関係すると考えられるもの
	F1	製品には起因しない偶発的事故
	F2	その他製品に起因しないか、又は使用者の感受性に関係するもの

出所）独立行政法人製品評価技術基盤機構ホームページ（http://www.jiko.nite.go.jp/php/jiko/txt/geninkubun.html）

5 原因を公表する──製品事故のケース

　適切な情報の共有がなされない場合には、社内外の関係者間に混乱を引き起こす可能性がある。緊急時の混乱は二次災害を誘発しかねないため、何としても避けなければならない。

　特に、不用意な情報公開によって何度も訂正等を行うと、消費者や取引先が企業に対する不安を抱き、信頼の喪失につながる懸念がある。また、

対応にあたる従業員が適切に情報の共有を受けていなければ、適切な対応がとられない懸念がある。さらに、社内外の混乱は、メディアやSNS等により拡散し、二次被害につながるおそれもある。

これらを防ぐため、広報責任者には、適切な情報を、迅速かつ慎重に公表することが求められる。

図表Ⅲ-2-8 コミュニケーションにおける注意事項の例

```
＜外　部＞
○ 影響を受ける顧客・取引先等を即時に特定し、担当者が接触する
○ 会社ウェブサイトに状況説明を掲示する　など

＜社内外＞
○ 外部と接点を有する従業員に対し、定期的かつ詳細な情報共有を行う
　・何が問題であるか
　・誰が影響を受けるか
　・どのような対応策がとられているか
　・推定される解決時期はいつか
○ メッセージは簡潔かつ明瞭とする。不明確な情報は共有しない　など
```

出所）有限責任監査法人トーマツ作成

6 対策本部の日ごろの準備

有事においてクライシスマネジメントを有効に実行するには、日ごろの準備が欠かせない。手順を定め、必要に応じてチェックリストを用意するなどして、対応するべきことを明確にしておく。そして、日ごろからの訓練により、手順を徹底することである。

有効性の検証も随時行い、場合によっては外部専門家の助言を得て、有効性の評価をすることも有用である。自社の認識するリスクに対して十分な備えがなされていない場合やリスク自体の見直しが行われた場合には、クライシスマネジメント手順も見直しと更新を行う必要がある。

図表Ⅲ-2-9 初動対応チェックリストの例

```
○……
○安全確認
   ・危機対策本部の招集
   ・建物・施設からの避難・誘導
   ・従業員・来訪者の安否確認
  －負傷者等の確認
○二次災害拡大防止措置
   ・……
```

出所）有限責任監査法人トーマツ作成

7 クライシスマネジメントからリスクマネジメントへ

　クライシス収束後には、実際のクライシス対応において得られた反省点や有効であった事項を、今後に備えて、クライシスマネジメント手続き等に反映する。これにより、次のクライシス対応時に、より円滑な対応が可能となってくる。例えば、クライシス対応に際して招集するべき関係者として必要な部門や担当者が含まれていなかったために追加参集を依頼したような場合には、当該部門が担当者を含めて招集するよう手順の更新を行う。また、対応の途中で行政への連絡が必要になったり、必要であることが判明したなど、追加的に気付いた事項があれば、これらも更新の対象に含める必要がある。

　また、クライシスマネジメントの経験は、リスクマネジメントにも活用するべきである。例えば、対応したクライシスがまったくの想定外であったような場合には、今後のリスク識別の際に考慮すべきだろう。影響度の分析において想定していた被害と実際の被害状況に大きな乖離があったような場合も、リスク評価プロセスやリスク評価に使用された情報の見直しが必要となってくる可能性がある。さらに、クライシスの原因分析の結果、リスク対応策が妥当でなかった、十分に運用されていなかった、などの事実が発覚した場合は、これらも併せてリスク対応策に含める必要がある。

そのためにも、事後分析を欠していてはならない。

図表Ⅲ-2-9 事後分析

- ○ 発生した事象を時系列に整理する
- ○ 事故の発生原因を特定し、事故の根本原因となった部門やプロセス、情報システムの障害を調査する
- ○ 将来的な事故の発生を提言または防止するためのプロセスの改善や活動を推進する。また、代替案の調査や解決策の推進といった役割を担う部署を特定する。
- ○ 緊急時対応やクライシス対応をレビューし、将来に役立てられる教訓を得る。
- ○ 得られた教訓に基づき改善を実施するため、関連する計画（緊急時対応、クライシスマネジメント、事業継続）を更新する。

出所）有限責任監査法人トーマツ作成

図表Ⅲ-2-10 【参考情報】米国の危機管理システム

　米国では、国家全体の危機管理の仕組みとして、2004年にNational Incident Management System（NIMS：国家危機管理システム）が制定された。NIMSは、米国で発生し顕在化したあらゆる危機に対応できる共通言語や組織体制、情報管理のための技術等をまとめたものであり、また、危機対応としてIncident Command System（ICS：現場指揮システム）を適用することが定められている。

　ICSは、その発生原因、種類または規模に関わらず、あらゆるインシデントに対して一元的な危機管理を行うことを目的として、命令系統や管理手法を標準化したものである。ICSでは危機管理に必要な活動を、Command（指揮調整）、Operation（事案処理）、Planning（情報作戦）、Logistics（資源管理）、Finance/Administration（庶務財務）の5つの機能の集合体と捉え、危機管理の際には、この5つの機能に基づいて、複数の関係当局が一時的に組織を構築する。5つの機能は下図のとおりであるが、Commandの機能の下に、それを支える一般スタッフとしてその他4つの機能が位置付けられている。

図：ICSにおける5つの機能

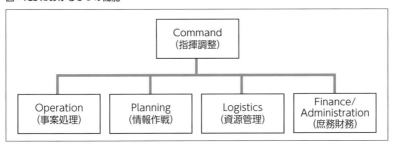

　このうちCommandの機能として、Incident Commander（総指揮官）の設置が必須となるが、残る機能はそれが機能として担保されればよく、必要に応じて組織を設置する。また、危機の種類や規模によって各機能に割り当てられる人員数は異なるもののインシデントの種類や規模が異なっても構造は同じであり、1人の監督者が管理できる人数を原則5人とする統制範囲の概念のもと、必要な機能に必要な資源（人や物）を事案に応じて割り当て、現場にボトムアップ方式で一時的な組織を立ち上げる。

　ICSでは、この5つの機能の概念のもとに、危機対応にあたる関係者の役割・責任が明確に規定され、施設の設置手順が詳細に規定され、計画書の様式などが標準化されている。また、その上で教育研修などを通じて関係者間で内容が共有されている。

　このように、米国では顕在化した危機に対して現場にどのような機能を設置すべきか、また、現場を種類や規模に関わりなく国家レベルでサポートするための機能は何かという観点で整理され、インシデントの種類・規模を問わずに適用できる柔軟性の高い仕組みが設計されている。

第3章 企業不祥事発生時のクライシスマネジメント

1 企業不祥事とは

「不祥事」という言葉を辞書で引くと、「関係者にとって不都合な事件、事柄」(『大辞泉』(小学館)より)と定義されている。本書においては、これらのうち、企業犯罪や不正、重大事故を想定している。例えば、企業による贈収賄やカルテルといった企業犯罪、架空売上の計上や損失隠しといった会計不正等である。これらは、経営陣の辞任、巨額の課徴金、行政処分(業務停止、上場廃止等)など、発生した場合の影響がとりわけ大きく、場合によっては企業の倒産や解散に結び付くこともある。また、1度不祥事が起こってしまうと、信頼や業績の回復には、多大な時間と労力が必要とされることも特徴としてあげられる。

これらの不祥事は、自然災害等による被害とは異なり、企業内部の問題を発端として発生する。そのため、不祥事の発生から収束、信頼や業績の回復といったプロセスにおいて、常に企業は、あらゆるステークホルダーからの厳しい視線にさらされることになる。これが他のクライシス発生時と大きく異なる点である。このため、本書では不祥事を除くクライシスマネジメントと企業不祥事発生時のクライシスマネジメントを分割して述べているが、本章では、企業不祥事を中心に扱うこととする。

図表Ⅲ-3-1 近年の企業不祥事(例示)

A社(食品)	消費期限切れ原料の使用による「消費者の健康被害」
B社(精密機器)	巨額の損失隠しのための「粉飾決算」
C社(銀行)	提携ローンを通じた「暴力団向け融資問題」
D社(サービス)	傘下ホテル、レストランにおける「メニューの誤表示」
E社(証券)	業務上、知り得た情報の不適切な利用による「インサイダー取引」
F社(飲食)	傘下飲食店における「過重労働」

出所) 有限責任監査法人トーマツ作成

2 なぜ不祥事が起きるのか

それでは、なぜ、不祥事が起こるのだろうか。

最近では、食品偽装問題が社会的な注目を浴びた。一部の関係者は「これらは『業界の慣行』として行われていたものであり、必ずしも消費者等を欺く意図ではなかった」といった趣旨のコメントを残したが、「業界の常識」は必ずしも「世間の常識」ではないことは肝に銘じておくべきである。表示名の偽装が消費者の目に「不正行為」として映り、厳しい批判の対象となったのは、そのためである。

この問題では、日本ホテル協会に加盟する247ホテルのうち、3割から4割に相当するホテルにおいて「偽装」があったとされる（2013年12月2日日本経済新聞プラスワン、2013年11月29日朝日新聞デジタル）。これらの偽装の背景について、報道では、長引くデフレの影響によるコスト削減のプレッシャー等の存在が指摘されている。組織ぐるみ、あるいは企業内のチェック体制の甘さに起因するものなど、偽装に至るプロセスは異なるものの、低価格でのサービス提供を実現するために原価を抑えて利益を捻出するという圧力が業界全体に働いていたことは確かであろう。そして、特に食品偽装に関していえば、発覚のきっかけの大半が内部告発や自社調査であるといわれるように、サービスの受け手が偽装を見分けることが難しい点が、不正へのハードルを下げたとの見方もある。

また、海外における法令違反のように、法整備が進んだことにより、これまでは取引上の「慣習」として行われてきた行為が「犯罪行為」として摘発対象になり、不祥事につながる場合もある。特に、贈収賄防止や不正競争防止に関する法規制では、一定の条件により域外適用を受ける事例も多く、摘発された場合の制裁金が多額に上るなど、企業への影響が大きいことから注目が高まっている。なお、米国司法省のリリース（2008年12月15日付）によれば、ドイツ企業が2008年に米国の連邦海外腐敗行為防止法（FCPA）違反のために、米国およびドイツの当局に支払った制裁金は、子会社と合わせて16億ドル（約1,200億円）に上り、2018年12月時点で史

上最高額の制裁金とされている。

図表Ⅲ-3-2 優先して着手が必要と思われるリスクのランキング（日本国内）

	日本国内	
第1位	地震・風水被害、災害の発生	35.9%（1位）
第2位	法令遵守違反	29.3%（2位）
第3位	人材流失、人材獲得の困難による人材不足	23.6%（6位）
第4位	情報漏えい	21.6%（3位）
第5位	製品／サービスの品質チェック体制の不備	18.7（4位）
第6位	サイバー攻撃・ウイルス感染	17.0（5位）
第7位	過労死、長時間労働等労務問題の発生	16.1%（10位）
第8位	市場における価格競争	12.8%（7位）
第9位	大規模システムダウン・情報逸出	8.6%（9位）
第10位	法改正や業界基準変更時の対応の遅れ	7.9%（18位）

※パーセンテージに続く（　）内は、前回2016年調査時の順位。
出所）トーマツ実施の企業のリスクマネジメントおよびクライシスマネジメント実態調査2017年版

　トーマツが2017年度に実施した企業のリスクマネジメントおよびクライシスマネジメント実態調査（有効回答数454社）では、日本国内において最も優先して着手すべきリスクの種類は、「地震・風水害等、災害の発生」が35.9%で最多となりました。日本国内ではこれまでも数多くの自然災害が発生してきましたが、2016年4月に発生した熊本地震の影響等が、企業の意識を高める一因となっていることが読み取れる。

図表Ⅲ-3-3 優先して着手が必要と思われるリスクのランキング（海外拠点）

	海外拠点	
第1位	子会社に対するガバナンス不全	22.9%（5位）
第2位	法令順守違反	21.0%（1位）
第3位	製品／サービスの品質チェック体制の不備	18.8%（4位）
第4位	人材流失、人材獲得の困難による人材不足	18.1%（7位）
第5位	役員・従業員の不正・贈収賄等	17.3%（6位）
第6位	地震・風水害等、災害の発生	14.8%（2位）
第7位	為替変動	12.2%（8位）
第8位	東南・南アジアにおけるテロ等	12.2%（—）
第9位	情報漏えい	11.4%（9位）
第10位	法改正や業界基準変更時の対応の遅れ	10.3%（11位）

※パーセンテージに続く（ ）内は、前回2016年調査時の順位。
出所）トーマツ実施の企業のリスクマネジメントおよびクライシスマネジメント実態調査2017年版

　海外拠点においては、「子会社に対するガバナンス不全」が22.9%で1位（2016年は5位）となり、海外拠点におけるガバナンス体制の確立・高度化は、企業がその優先度を高めている状況が結果として明らかになりました。特筆すべきは、「人材流失、人材獲得の困難による人材不足」が日本国内では2017年3位（2016年は6位）、海外拠点2017年4位（2016年は7位）と日本国内、海外拠点ともに2016年の調査より大きく順位を上げている。人材の流動性の高まりを受けて、多くの日本企業が対応を急務としている意識が要因にあると考えられる。

3 調査委員会の設置と運営

　不祥事が発生した場合の対応は、基本的には前章で解説した一般的なクライシスマネジメントと同様である。不祥事に対応するためのチームを組成し、現状の把握や原因究明、対応策の検討を行い、必要に応じて情報共有と公開、行政関係の届出・報告を実施する。ただし、不祥事のケースでは、メディアに取り上げられる可能性が高く、その際には、社会から厳し

い視線が向けられることに注意しなければならない。さらに、これに伴い、情報の共有と公開の対象が通常のビジネスにおける関係者のほか、その他の関係者にまで拡大されることになる。繰り返しになるが、不祥事の影響は非常に重大であるため、一般的なクライシスマネジメント以上に慎重な対応が要求される。

不祥事対応チームを組成するという点では、前章における一般的なクライシスマネジメントへの対応と同様の流れである。その上で、不祥事に関する調査委員会を組成する際は、不祥事発生時点で、利害関係者とメディア、メディアの報道により事実を知った消費者等が企業に対して厳しい視線を向けていることを、特に考慮する必要がある。

調査委員会が社内の役員や従業員のみによって構成されている場合には、調査への客観性に対する疑問を抱かれる可能性がある。そのため、近年は、内部調査委員会に外部の専門家の参画を依頼する、あるいは当該企業から独立した委員のみにより構成される「第三者委員会」を設置し、事実関係の確認や原因調査に臨む企業が増えている。

一般的に、第三者委員会では、発生した不祥事に応じて、弁護士や公認会計士・税理士、不正調査の専門家、デジタル調査の専門家、といった各種専門家を選任する。これには、企業と利害関係を有さない各種専門家の参画によって調査の精度や信憑性を高める効果とともに、専門家の知見や経験に基づいて適切な再発防止策等を検討する上でも効果が期待される。

4 調査委員会の設置・運営プロセス

それでは、調査委員会の設置・運営の具体的な方法を紹介したい。

図表Ⅲ-3-4 不祥事発生時のクライシスマネジメント概略

初動調査
- 発生概要の把握
- 外部公表の検討
- 実態調査実施に関する検討

実態調査
- 調査委員会の組成
- 調査計画の立案
- 調査の実施
  - ▶情報収集・分析　　▶仮説構築およびその検証
  - ▶不正関与者へのインタビュー　　▶結果の取りまとめ
- 報告書の作成

是正措置の策定
- 是正措置の立案
  - ▶規程類の見直し　　▶関係者の処分　　▶取引停止
- 報告書の作成
- マスコミ対応の検討
- 当局対応の検討
- 再生・回復プロセスの検討

関係者への対応と情報の公表
- 外部公表用報告書の作成
- 公表対応の検討
  - ▶監督官庁　　▶証券取引所、証券取引等監視委員会　　▶金融機関
  - ▶株主　▶取引先　▶組合・従業員　▶警察　▶保険会社　等

是正措置の実施
- 緊急対応措置の実施
- 中長期的対応措置の立案、実施
- 経営管理体制の見直し

モニタリング活動
- 是正措置の定着・運用状況へのモニタリング
- 収束宣言

出所）有限責任監査法人トーマツ作成

① 初動調査

　初動調査では、内部通報や内部監査、外部関係者からの情報など、不正等の兆候を察知した場合や関係する情報を得た場合に、それらの内容の評価を行う。初動調査を誤ると、対応の遅れによる被害・損失の拡大や、情報提供者が不利益を被る可能性が高まるといった懸念があるため、迅速を期すと同時に慎重さを心がけることも求められる。

初動調査に臨む上では、調査に関与するメンバーを限定して機密を保護するとともに、情報提供者の身分を保護することが重要となる。また、業務知識等に期待して調査に参画させた部門のメンバーが、実際には不正協力者であったという例もあるため、メンバーの選定は特に万全を期す必要がある。

指揮命令および意思決定についても同様である。役員等の不正への関与が疑われるような場合には、通常とは異なる指揮命令系統を構築するといった対応が求められる。

初動調査で明らかになった情報から、さらなる実態調査が必要であるかを判断する。なお、このような緊急事態に、すばやく適切な対応を行うためには、平常時に対応基準や手順を定めておくことが望ましい。

② **実態調査**

初動調査を経て、発生事象の概略を把握したら、次に不正調査方針を定める。具体的には、調査委員会等の調査体制、実施期間、調査対象、手続き等を検討する。実態調査においては、必要な情報を収集、整理そして分析し、協力者を含む不正関与者とその手口、発生した事象が与える影響（金銭的な損失、風評、取引先からの信頼等）、不正の要因等を、仮説の構築と検証によって特定していくのである。仮説の検証において実施する手続きとしては、社内文書等の査閲・分析、不正関与者またはその関係者へのインタビュー、バックグラウンド調査、データ解析、反面調査等があげられる。

なお、バックグラウンド調査（関係する個人の職歴・犯罪歴の調査、法人の信用調査等）の実施においては、法的な制約がある場合も想定し、実施の可否について専門家と協議することが必要である。また、データ解析についても、データの収集・保全においてフォレンジック・テクノロジーの専門家の協力を得ることも有効である。

また、実態調査を行う上では、調査対象の検討も重要である。不正や不適切な行為が顕在化した部門だけでなく、他部門においても同様な事象が発生している可能性や協力者が存在している可能性を考慮に入れる必要がある。

③ 是正措置の策定

是正措置を検討する上では、不正や不適切な行為が発生または発覚した原因を考慮することが重要である。不正リスクの要因としては、(1) プレッシャー、(2) 機会および (3) 正当化があげられる。

図表Ⅲ-3-5 不正の構成要素の整理（不正のトライアングル）

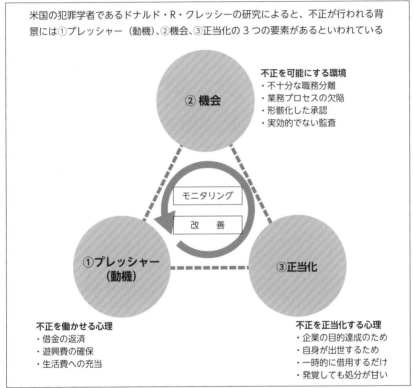

出所）有限責任監査法人トーマツ作成

不正の要因が、例えば、(1) プレッシャーである場合は、個人的な要因も大きく、直接的な対応策よりも間接的な対応策が有効であろう。(2) 機会であれば、職務分掌の見直しや業務プロセスの見直し、管理者への教育などの管理体制の改善による対応策が考えられる。また、(3) 正当化に対しては、組織の規律や倫理観を共有する取り組みが必要となる。

是正措置には、2つの種類がある。不祥事による損失を最小限に抑えるための緊急措置と、信頼の回復のための中長期的な措置である。これらは、特定した不祥事の発生要因に応じて策定され、実施される。

緊急措置としては、規程類の見直しや関係者の処分、不適切な行為の行われた業務の継続可否の判断、取引先との共謀等があった場合には当該取引先との取引の停止といった措置が考えられる。

中長期的な措置としては、現状の内部統制を見直し、不正を予防または早期発見・対応できる体制を構築するための施策を検討する。また、不正等のリスクに対するガバナンスを強化するため、経営者によるメッセージの発信や組織体制の見直し、懲戒ルールの見直しなどを行うことも考えられる。このほか、不正リスクの定期的な評価を実施することも必要である。不正リスクの評価に際しては、職務分掌や業務プロセスの脆弱性、組織の倫理観、各業務において認識されている不正の兆候等の要素を総合的に評価することが重要である。

④ 関係者への対応と情報の公表

不祥事が発覚した際に重要なことは、監督官庁や自主規制団体、警察等への届出や情報の共有に加えて、毀損された信頼を回復するために、関係者に対して適切なコミュニケーションを適時に行うことである。具体的には、不祥事の基となる不正や不適切な行為の発覚時は、その事実、調査結果、是正措置の内容とその実施状況等を伝えることになる。

また、状況に応じて、メディア対応が必要となる場合もある。これらのクライシスコミュニケーションについては、次節にて詳述する。

⑤ 是正措置の実施

関係者への対応や情報公開と併せて、策定した是正措置の実施に取り組むことになる。策定した緊急対応的な是正措置、中長期的な是正措置に取り組むとともに、実施状況を把握し、適時に報告する必要がある。さらに、是正措置が実際に効果を生むかについても検証する。

また、不祥事に対する調査を通じて検知した経営管理体制における不備に対する措置を検討し、引き続き改善することも検討する。

⑥ モニタリング活動

是正措置に効果があったか、経営管理体制の改善が適切に行われているかといった事項をモニタリングし、事態が適切に解決したと判断できる時点で「収束宣言」を行う。とはいえ、これをもって不祥事や、その原因となった組織の脆弱性への対応が不要になるというわけではない。収束宣言は、事態が一定の収束をみた段階で関係者への報告等を実施し、集中的な取り組みから継続的な取り組みに移行させることを目的としているのである。

5 クライシスコミュニケーションとは

企業がコミュニケーションを必要とする関係者は多様であるが、特に重要なコミュニケーション対象として、①株主、②取引先、③監督官庁や自主規制団体、案件によっては④警察等が含まれる。また、重視するべきコミュニケーション対象として、⑤マスコミ等がある。

■重要なコミュニケーション対象

① 株主

株主に対しては、株式総会等における事業報告が求められる。昨今では、コーポレートガバナンスに対する株主の関心も高まっており、コーポレートガバナンスに対する疑義が生じた場合には、ガバナンス強化のための取り組みを要請されることも考えられる。また、上場企業においては、発生した事案によっては適時開示の対象となる可能性もあることに注意が必要である。

② 取引先

調査の結果、取引先に損害を与える可能性を検知した場合には、取引先に対して調査結果等を報告することが必要となる。

③ 監督官庁や自主規制団体

上場企業の場合、発生した事象に応じて適時開示の検討が必要となる。また、金融商品取引所および監督官庁等への届出・報告が求められる。

さらに、前章と同様、影響に応じた行政への届出・報告も必要である。

④ 警察

発生した事象が、企業資産の横領や窃盗、その他刑事告訴が必要な内容である場合には、警察への届出や協力が必要となる。

⑤ マスコミ

発生した不祥事の影響範囲や内容によっては、マスコミへの公表や記者会見への対応等が必要となる。マスコミとのコミュニケーションは、場合によっては企業の命運を左右する可能性があるため、注意して臨むことが重要である。マスコミとのコミュニケーションについては、次節以降で詳述する。

6 起こした事実より、対応のまずさが非難される

日常業務において、多数のマスコミに追いかけられ、カメラを向けられ、時として感情的な質問を突きつけられた経験を持つ経営者は、そう多くないはずだ。それは、広報担当者や事業責任者についても同様だろう。しかしながら、このような状況が発生するリスクが近年において高まりつつあるといえる。

企業の不祥事への対応のまずさが社会的な影響に発展した例として、前述した大手食品会社の集団食中毒事件での、「私は寝ていない」という社長の発言へのマスコミの反応と、その後の消費者感情への悪影響が思い起こされる。当時、同社では会見に際して、社長に対する適切な情報の報告がされておらず、十分な準備をせずに会見に臨んだことが、失言の原因であったといわれている。下記の**図表Ⅲ-3-6**にみられる消費者に対するアンケート結果からは、消費者が、不祥事に対する企業としての対応の不備に対し

て敏感な感情を持っていることが伝わってくる。

　その一方で、多くの消費者が、迅速な原因の解明や対策、正直な事実の公表や説明、謝罪の表明等がされることによって信頼の回復がなされると回答されていることも注目すべきである。

7 クライシスコミュニケーションの最大の対象はマスコミ

　社会の視線は、発生した不祥事そのもの以上に、企業の対応に向けられているといえるかもしれない。企業の姿勢は、マスコミを通じて瞬く間に消費者に伝えられる以上、マスコミ対応は、不祥事を起こした企業にとっての死活問題といえる。したがって、クライシスコミュニケーションの最大の対象はマスコミとなる。

　特に、昨今では不用意な発言が動画サイトやSNS等において何千回、何万回と再生されるケースが多発しており、企業側の失言が、直接報道に接していない消費者や関係者の目にも触れる可能性が高まっている。さらに、繰り返し共有・再生されることによって、これらの発言は、半永久的にインターネット上にとどまり続けることになり、事態の沈静化には、これまで以上に多くの時間を要してしまうおそれがある。

図表Ⅲ-3-6 不祥事に対する消費者の意識

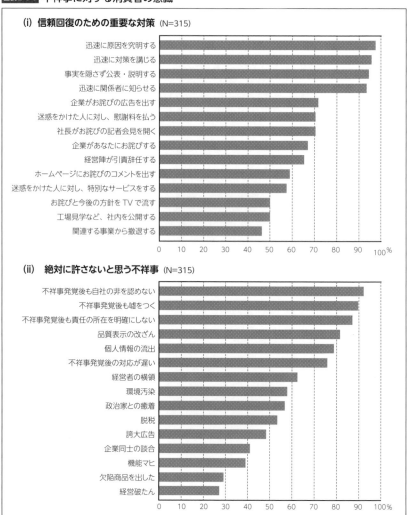

出所）坂田正樹「企業不祥事をめぐる広報コミュニケーション・プロセス―雪印食中毒・牛肉偽装事件を事例に―」
(http://journal.seijo.ac.jp/gslit/student/communication/pdf/com-006-02.pdf) 図1-1（日経リサーチが実施したNews Echo「企業の在り方に関する調査（2002）」より））

8 対マスコミの基本姿勢

　不祥事の発生という特殊な状況下で求められる様々な対応と並行して、冷静にマスコミ対応を行うためには、事前に対応マニュアルを整備し、トレーニングをしておくことが望ましい。

　マスコミに対する説明を行う最適任者は経営者である。経営者が不在の場合は、それに続く立場の役員や事業の責任者、広報責任者といった立場の役職者が対応する。これらのマスコミ対応を行う可能性のあるメンバーに対しては、マニュアルの周知とトレーニングを実施する。また、定期的に実効性をテストすることも重要である。

　具体的なシナリオを想定したテストやトレーニングを実施することは、社内の体制において不十分な箇所や、対応方針として事前に検討しておくべき事項の識別にもつながる。

■不祥事におけるマスコミ対応の注意点

　マスコミの最大の関心とは何か。それは、視聴者や読者が関心を持つであろう情報を提供することにある。前述の消費者へのアンケート結果からも明らかなように、企業は、迅速に原因の解明・対策の策定を行い、マスコミに対して、事実の公表と説明を行わなければならない。

　実際に、マスコミ対応に失敗した企業の例をみると、発生した事実の内容を経営者が認識していないことが会見中に露呈する、原因解明に時間がかかる、といった対応の不手際が目立っている。このような状況では、今後の対策や再発防止策を公表するまでに、さらに時間を要することはいうまでもない。

■一般社員によるマスコミ対応の注意点

　マスコミへの対応は、経営者や広報担当者など、一本化された窓口で行うことが望ましい。一元的なマスコミ対応には、メッセージに統一感を持たせる効果があるだけでなく、複数の社員の不整合なコメントから生じる

社内の情報共有体制への疑問、事実の隠蔽の意図を疑われる、といった問題の予防にもつながる。

ただし、マスコミ対応を想定されているこれらのメンバーのほかにも、マスコミ対応の最低限の知識は必要である。不祥事等が発生した場合に、マスコミ等が企業に接触する窓口を完全に一本化することは、事実上不可能であるためである。

そのため、一般社員に対しても、マスコミから電話やメールによる問い合わせを受けた場合には不用意にコメントせず、円滑に広報窓口へと誘導するための簡易なマニュアルを作成しておき、有事の際に速やかに展開することも必要である。また、取引先等に対する情報共有についても、併せて注意が求められる。

9 ポジションペーパーは必須の資料

有事に準備すべき資料として、「ポジションペーパー」があげられる。ポジションペーパーは、企業の統一見解を示すものであり、事実を一刻も早く、正しく適切に伝えるために作成され、「声明文」「ステートメント」とも呼ばれる。

ポジションペーパーには、発生した事実およびその状況、影響範囲や影響の大きさ、発生原因、対策、責任の所在、企業の見解といった事項を記載するとともに、作成後はマスコミ、取引先、金融機関、行政機関等に配布し、自社ウェブサイト上での公開等を行う。

マスコミ対応においても、記者会見や取材に応じる際には、ポジションペーパーに沿った受け答えや情報発信を行うことになる。記者会見や取材に応じられない場合にもポジションペーパーを配付することで、いち早く社外に向けて状況を説明することが可能となる。

図表Ⅲ-3-7 ポジションペーパーの例

各 位 ← 報道関係者、取引先等、対象によりメッセージが異なる場合は、明記し、混乱を防ぐ

20○○年○○月○○日
株式会社 ABC

……の事態について

弊社構内で、本日発生致しました……につきましては、近隣住民の皆様、関係ご当局の皆様、お客様をはじめとする多くの方々に多大なご迷惑をおかけし、深くお詫び申し上げます。
○○月○○日（○）20 時現在で判明しております内容につきましては、下記の通りです。
なお、今後、事故の内容の詳細等が判明次第、都度、お知らせいたします。

記

1. **発生場所**
   XXX 県 YYY 市 ZZZ □-□-□ 株式会社 ABC YYY 工場（詳細不明）
2. **発生日時**
   ○○月○○日 13:15 ごろ
3. **発生経緯**
   現在、関係ご当局により調査中 ← 調査の進展に従い、更新し、判明した事実は時系列に記述する
4. **被害状況**
   人的被害： 社員 負傷○名
   物的被害： 工場設備 破損
5. **原因と対策**
   関係ご当局の調査中であり、弊社は関係ご当局の調査に全面的に協力いたします。
   また、弊社におきましても、対策本部を設置し、近隣住民の皆様への対応及び原因調査等を進めてまいります。事故原因が判明次第、関係ご当局のご指導を仰ぎつつ、適切な対策を実施する予定です。
6. **操業状況**
   YYY 工場設備については、現在、操業を一時停止中です。

← 製品供給の見通しや操業状況など、関係者に影響を与える事象に関する自社見解を簡潔に示す

出所）有限責任監査法人トーマツ作成

第Ⅳ部
リスクマネジメント事例

第1章 リスクマネジメントをうまく活用している企業の事例
- 事例1　サービス業X社のケース
- 事例2　製造業Y社のケース
- 事例3　製薬業Z社のケース

第2章 個別リスク事例
- 場面1　海外での不正の発生
- 場面2　メニューの不適切な表示
- 場面3　情報漏えい
- 経済法1　FCPA（米国海外腐敗行為防止法）
- 経済法2　カルテル
- 経済法3　透明性規制（米国Sunshine Actほか）

第1章 リスクマネジメントをうまく活用している企業の事例

事例1 サービス業 X 社のケース

⊙Point⊙
リスクマネジメントの段階的な導入によって全社のリスク感覚が向上

1 事例背景

　継続的・積極的に新規ビジネスに取り組むX社グループは、既存業務においては事業部門への権限委譲による意思決定の迅速化、事業環境の変化に応じた業務プロセスの効率化や予実管理の徹底などを通じ、結果責任を追求することでリスクマネジメントを実施してきた。また、X社グループでは、社員が職位にかかわらず自発的に考え、行動する企業文化が構築されており、社内ベンチャーを促進しながら、徹底的な結果責任の追求による人材育成が図られてきた。このような企業文化が競争力の源泉となり、X社グループは持続的な成長を遂げてきた。

　その一方で、事業部門やグループ会社が統一的な方針の下に内部統制を構築する点においては、事業によって対応にばらつきがある状況だった。

　そのような中で、成長戦略の一環として、M&Aを利用した事業展開を加速する必要性が高まってきたが、新規にグループに参画した企業にX社グループの企業文化を短時間で継承することは難しい状況であった。

　このように、新規参画企業に共通の価値判断基準を浸透させていくため、各事業が明示的なルールの下に運営されることが不可欠となり、以下の経営課題について早急に取り組む必要が生じていた。

■ リスクの多様化

　新規事業の展開に伴い、新たな事業領域における事業リスク、業法等のコンプライアンスリスク、海外における国・地域固有のリスクなど、リス

クが多様化していたが、グループ全体でそれらのリスクの把握が十分になされていなかった。

図表Ⅳ-1-1　リスク多様化による本社コーポレートの状況

```
                    ┌─────────────┐     事業ごとのリスク情報が
                    │ 本社コーポレート │ ──→ 本社コーポレートとして把
                    └─────────────┘     握できておらず、全社的
                           ▲             な視点でのリスクの重要
        ┌──────────────────┼──────────────────┐  性が判断できない状況
        │                  │                  │
   ┌─────────┐        ┌─────────┐        ┌─────────┐
   │ 事業部門 │        │ 事業部門 │        │ 事業部門 │
   ├─────────┤        ├─────────┤        ├─────────┤
   │新規ビジネス│        │業法に関わる│        │展開先の国・地域│
   │展開による │        │コンプライアンス│    │固有のリスク │
   │事業リスク │        │リスク    │        │         │
   └─────────┘        └─────────┘        └─────────┘
```

出所）有限責任監査法人トーマツ作成

■ **現場のブラックボックス化**

　X社グループの各事業部門では、予実管理を除いて、本社にレポートすべき事項の明確な定義が存在せず、現場の判断に委ねられていたため、現場から事業部門へのレポート、事業部門から本社コーポレートへのレポートの内容・重要性にばらつきがあった。これにより、本社コーポレートが、グループ全体の状況を適時かつ正確に把握できず、重要性が低い報告に過度に反応して現地調査を行う、あるいは重要性が高いにもかかわらず本社コーポレートが把握できず係争に発展する、といった状況も生じていた。

図表Ⅳ-1-2 現場のブラックボックス化

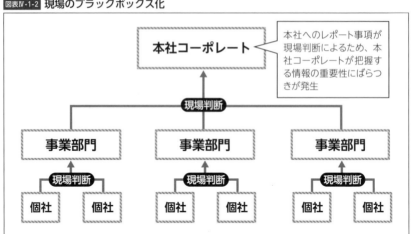

出所）有限責任監査法人トーマツ作成

　大規模なM&Aによる事業展開を進める中で、このような状況に対する問題意識がX社グループ内にも高まってきた。そこで、本社および各事業におけるリスクを事業単位で識別し、必要な対応を図り、モニタリングしていくための仕組みとしてリスクマネジメントを導入することを決定した。

2 リスクマネジメント導入時の課題と対応

　事業の採算性や具体的な展開方法について、経営層と事業部門が徹底的な議論を行い、企業理念に沿った事業戦略の中でビジネスを展開してきたX社グループでは、リスクマネジメントの導入に際して、グループ経営トップ、事業部門の経営層から、以下のような懸念の声が上がってきた。

- ◎ リスクへのフォーカスが、既存事業における効率的なプロセスの徹底に対する阻害要因になるのではないか
- ◎ コーポレート部門からのチェック機能が強まり、事業部門における自律的な事業展開の阻害要因になるのではないか

■ リスクマネジメントの段階的な導入

　リスクマネジメントの導入に際しては、これらの懸念を考慮し、リスクマネジメントの必要性についての理解を全社的に高めながら、段階的に行っていくこととなった。そして、各事業部門・関係会社においてリスク対応のPDCAサイクルを構築し、事業の自律的な運用が可能な体制を構築するための中長期的計画を策定した。

図表Ⅳ-1-3　リスクマネジメントの導入ステップ

1年目	2-3年目	4年目以降
①導入準備段階 PDCAサイクルの確立	②初期導入段階 事業固有のコンプライアンスリスクへの対応	③本格導入段階 経営戦略と連動した自律的リスクマネジメントサイクルの確立

出所）有限責任監査法人トーマツ作成

①導入準備段階：PDCAサイクルの確立

　当初は事業サイドにリスク感覚が醸成されておらず、またそれぞれリスク識別の判断軸が異なっていたことから、事業間でばらつきが生じることが想定された。

　そこで、「共通のテーマ」の下でリスクマネジメントに対する理解を高め、実行性あるリスクマネジメントの基盤を構築することとなった。

　具体的には、X社グループでは従業員が高いモチベーションを備える一方で、有能な人材ほど過重労働となる傾向が生じていた。つまり、従業員のメンタルヘルスへのケアが各事業の共通した課題（テーマ）となっていたわけである。

　このような状況を踏まえ、まずは事業共通の問題意識に対するリスクに着目し、従業員のメンタルヘルスのリスクが持続的成長に対して与える影響を、事業サイドに十分に認識させた。その上で、リスク低減策を本社人事部門主導で検討し、労働時間マネジメントに対する責任は、経営者、事業部門の責任者、管理職層にあることを明確にした。

さらに、共通の仕組みによって従業員の労働時間を把握し、対策をとることとした。具体的には、過年度の年間労働時間実績を把握し、年間労働時間の上限に対する当期の削減目標を定め、それを実現するための具体的な低減策を事業部門ごとに策定した。また、部門ごとのモニタリングを月次で行いながら、年度の実績を事業部門の経営層が把握し、本社へ報告するというサイクルの導入を行った。

この対策により、リスクをPDCAサイクルによってマネジメントすることへの意識が醸成されていった。

図表Ⅳ-1-4 導入準備段階のPDCAサイクル

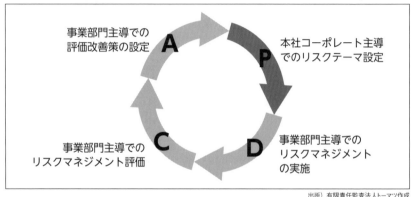

出所）有限責任監査法人トーマツ作成

【準備段階における成果】
◎ 全社共通のリスクテーマに絞って着手することで実行性を確保
◎ PDCAサイクルによるリスク対応を図ることへの理解を醸成
◎ PDCAサイクルの基盤確立

② 初期導入段階：事業固有のコンプライアンスリスクへの対応

前述のPDCAサイクルを確立した上で、事業ごとに異なるリスクに対応するためのリスクマネジメントを導入することとなった。ただし、事業リスクは広範であり、事業ごと、さらには展開する国などによっても異なっ

てくる。そのため、初期導入段階では、事業固有の法令等への対応にフォーカスすることとした。

具体的には、会社法等の事業共通の法令については、まずは本社コーポレート（法務）がピックアップを行い、それに基づき、各事業部門が以下の作業を行った。

　◎ 固有の業法等のリストアップ
　◎ 当該法令への抵触リスクの分析
　◎ リスク低減策の策定

事業部門が、これらを本社リスクマネジメント責任者へ報告するということから、リスクマネジメントの導入はスタートした。また、本社コーポレートでは「コンプライアンスハンドブック」を策定し、事業共通のコンプライアンスに関する事項についての継続的な啓発を開始した。新人研修、昇格者研修での講義に加え、全従業員に対する年1回のアセスメントとしてeラーニングによるテストを実施することで、コンプライアンス意識の醸成に向けた持続的な取り組みを行っていった。

図表Ⅳ-1-5　初期導入段階のPDCAサイクル

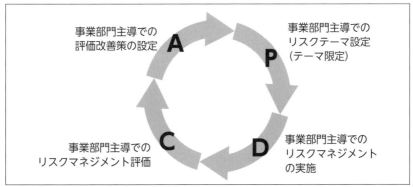

出所）有限責任監査法人トーマツ作成

【初期導入段階における成果】
◎ 事業が自らのリスクを識別・分析することでリスク感覚を醸成
◎ リスクマネジメント計画から改善に至る一連のPDCAサイクルを確立

③ 本格導入段階：経営戦略と連動した自律的リスクマネジメントサイクルの確立

本格導入段階では、将来的な事業目標を達成する上での阻害要因となるビジネスリスクを含め、各事業部門が自律的にPDCAサイクルを運用することを目標とした。その設計に際して重視した点は、以下のような事項であった。

(1) リスクマネジメント計画を事業部門の経営層全体の課題として捉える

リスクマネジメントを担当部門任せにするのではなく、事業部門の経営層全体の課題として捉えるよう促すため、リスクマネジメント計画を年度の事業計画策定とともに検討し、リスク識別、リスク低減策等の決定のほか、定期的なモニタリングについても事業部門の経営会議で行うこととした。

(2) 自律的な運用の徹底

本社事業本部長、中核会社社長等を事業サイドのリスク統括責任者として明示的に設定し、事業ごとの責任者を明確にした。

(3) 全社的なモニタリング

各事業が設定したリスクテーマと対応策の協議、リスク低減策の実施結果の共有、改善アクションを全社的にモニタリングする場として、本社にリスク統括委員会を設置した。

図表Ⅳ-1-6 グループリスクマネジメント導入図

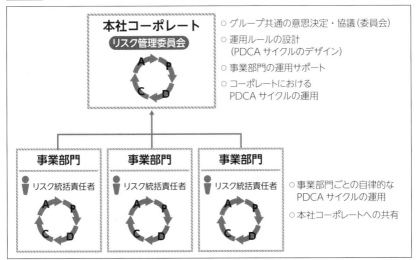

- グループ共通の意思決定・協議（委員会）
- 運用ルールの設計（PDCAサイクルのデザイン）
- 事業部門の運用サポート
- コーポレートにおけるPDCAサイクルの運用

- 事業部門ごとの自律的なPDCAサイクルの運用
- 本社コーポレートへの共有

出所）有限責任監査法人トーマツ作成

また、こうした体制構築に加え、広範なビジネスリスクを体系的に捉えるための仕組みとして以下の対応を図った。

(4) リスクインテリジェンスマップ（RIM）の利用

トーマツ（Deloitte）のリスクインテリジェンスマップ（RIM）をベースに、固有のリスクをあらかじめ追加して例示した上で、それを各事業が具体的に検討することで、リスク識別時の漏れを低減した。

図表Ⅳ-1-7 リスクインテリジェンスマップ（RIM）の抜粋（48頁－49頁の図表Ⅱ-1-6を参照）

第1階層(5項目)リスククラス	リスクインテリジェンス									
	ガバナンス		戦略と計画			業務運営と経営インフラ				
第2階層(16項目)リスクカテゴリー	コーポレートガバナンス	倫理観	企業の責任と持続可能性(CSR)	外部要因	計画	経営戦略	会社資産	財務と会計	人事施策	情報システム	法務	製品
	取締役会の構造とリーダーシップ	経営者の倫理観	CSRに関する戦略	経済情勢と業界動向	中長期計画とシナリオプランニング	ビジョン、ミッション、価値観	施設と設備(有形固定資産)	資金調達	企業文化	情報システム戦略(アーキテクチャ)	法令等の遵守	技術研究
	取締役会の有効性と独立性	倫理・コンプライアンス体制	気候変動(地球温暖化)	金融および商品市場	業務計画	経営方針	無形資産	手元資金	人事方針と手続	ITプロジェクトマネジメント	法的な記録や情報管理	製品

出所）有限責任監査法人トーマツ作成

(5) リスク識別視点の整理

各事業は、列挙したリスクを、バリューチェーンにおける各組織機能と、「ヒト・モノ・カネ・情報」といったリソースの観点から整理し、当該リスクが機能とリソースに対して与える影響という一定の視点からリスクを評価した。

このように事業部門間でリスクを評価する視点を共通化させることで、経営層やリスク統括部門からみた際に、各事業のリスクを相対的に捉えることが可能となった。

図表Ⅳ-1-7 リスク抽出の視点

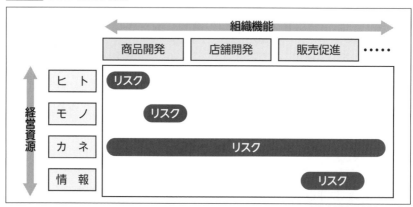

出所）有限責任監査法人トーマツ作成

これらに加え、現場向けの「リスクマネジメントハンドブック」を作成し、具体的なリスク低減策のベストプラクティスを紹介するといった取り組みを行った。また、経営者からメッセージを発信することで、現場のリスクマネジメントに対する認識の向上に努めた。

【本格導入段階における成果】
　◎ 将来的な事業展開を踏まえたリスク感覚の醸成
　◎ リスクマネジメントが経営層の課題であることの認識
　◎ 各事業部門・グループ全体の PDCA サイクルの確立

3 X社におけるリスクマネジメントの成功要因

　運用開始から数年が経過し、PDCAサイクルが着実に運用されているX社グループの成功要因は、以下の点であると考えられる。

(1) 各事業部門にリスクマネジメントの責任と権限を明示的に与え、事業ごとのリスク評価からリスク低減策の策定、その実行とモニタリング、改善策の検討といった一連のPDCAサイクルを委譲したこと

(2) リスク識別やリスク低減策に関する検討および進捗状況の確認を意思決定会議の運営ルールに組み込み、各事業部門内において、リスクに関する十分な議論を事業戦略の実行と同等に行う仕組みを構築したこと

(3) リスク識別に際して広範なリスク例示を行い、共通の視点から整理・検討する仕組みを構築したこと

(4) 年度末に1年間のリスクマネジメントについて振り返り、リスクとして識別した事項、その重要性、施策が適切であったかどうかの検証をルール化したこと

4 リスクマネジメントの効用

　運用開始から数年が経過したX社グループにおけるリスクマネジメントの効用は、以下のように整理できる。

■現場のリスク感覚アップ

　各事業部門をリスクマネジメントの運用主体としたことで、期首段階で毎期の計画を勘案しながら留意すべきリスクが検討されるようになった。組織全体として、コンプライアンス面も含めた施策が検討されるようになり、リスク感覚が高まった。

■適時適切な本社経営への情報集約による有益な情報提供

　中期経営計画の策定や年度の予算策定と同様に、リスクマネジメントを期首までに検討するため、本社経営が事業部門の戦略に伴うリスク情報を

全社的に収集することが可能となった。

■ **PDCA サイクルの徹底による持続的なリスクヘッジ**

「計画・実行・評価・改善」の過程で具体的な目標設定や施策の策定、有効性の評価を行うことで持続的にリスク低減が図られ、運用年度を重ねるたびに有効性が高まった。

■ **内部統制レベルの向上**

リスクマネジメントにより毎年具体的な業務手順が改善されることで、内部統制のレベルが全体的に向上した。

また、単にルールを厳密にしていくのではなく、事業部門がルール設定の適切性を主体的に検討することで、本社コーポレートによる押し付けの内部統制ではなく、事業部門自らの自律的な運営に根ざした仕組みとなった。

5 今後の課題

数年の運用期間を経て、このような効用が表れてきた一方で、今後に向けては以下の課題が生じている。

■ **リスク固定化の傾向**

変化の多い新規事業に比べ、比較的経営環境が安定している既存事業においては、毎年レポートされるリスクが固定化しており、継続的な運用の有効性が懸念されている。その背景には、リスクが低減策の結果を考慮した残余リスクとして議論されておらず、固有のリスクを前提としていることにあると考えられる。例えば、前述の労働時間に関するリスクであれば、リスクの定義自体に変化はなくとも、すでに各事業の日常業務にモニタリングが組み込まれ、一定の成果によって残余リスクが低減されている場合には、リスクの優先度が下がっているはずである。しかし、これが毎期の重要リスクとして捉えられてしまい、次に低減すべきリスクの優先度がみ

えなくなっていると考えられる。
　この点については、いかに残余リスクを可視化するかがポイントとなる。リスクマネジメントの年度の振り返りにおいて、継続的なウォッチの必要性を判断することが検討されている。

■**新規ビジネス、進出後間もない国・地域固有のリスク評価の妥当性の検証**
　リスクは過去の不祥事等から学ぶ側面が大きく、新たなビジネスや環境に対する十分な事前評価が検証困難な状況となっている。
　特に国内に所在する本社コーポレートは、現地の法令やビジネス環境についての十分な情報収集力を持たず、事業の「後追い」をしているのが現状である。事業部門の期待としては、留意すべきリスク事項については、展開前には先回りして提供してほしいというのが本音であろう。しかし、本社コーポレートが継続的に現地情報を更新し続けることには多大な負荷がかかり、現実的とはいえない。
　そこで、外部専門家からのリスク事例の提供、計画策定段階での社外取締役等の参加が検討されている。

■**独立評価の困難性**
　制度上の内部統制報告制度の一環として、リスクマネジメントサイクルが所定の手続きどおりに行われているかの検証はなされているものの、リスクの内容についての独立的評価をできるまでには至っていない。
　事業が掲げたリスクについて、その重要性は正しく評価されているか、潜在的なリスクの見落としがないか、といった問題を独立的な立場から検証することが困難であることが、その背景にある。
　経営層に対して有用な情報提供を行うためには、事業がどのようにリスクを識別・評価しているか、そのアプローチが適切かを、事業計画等の将来の予測情報を踏まえながら検討することが必要であり、事業運営に関する高いレベルの知見が必要となる。
　そこで、リスク評価自体が現場の状況を踏まえて適切に行われているか、

低減策等が妥当かといった点を、グループの各現場を横断的に把握する本社の内部監査が評価する手法の導入が検討されている。ただし、そのためには、事業戦略への理解、事業固有のリスクに対する知見などの高度なスキルと経験が内部監査に要求されるため、必要な人材スキルの定義、育成方法の検討も必要となっている。

　このような検討の中で、内部監査機能への期待は従前と異なるものとなっている。事業部門における有能な人材が経営的な観点から他事業を捉え、独立した立場からアドバイスをする役割へと高めることための方法が模索されている。

事例2 製造業 Y社のケース

―⊙Point⊙――――――――――――――――――――
「重要なリスク情報」の「タイムリーな把握」とエスカレーション（より上位の存在に対応を要請すること）に内部監査を活用
――――――――――――――――――――

1 事例背景

　日本企業の製造業には、複数の事業を営む場合に、仕入れから販売までの業務プロセスが各事業内で完結する組織形態を採用する会社は多い。このような会社の本社経営陣には、以下のような問題意識を持っているケースがみられる。

(1) 各事業部門の業績結果や財務的に影響を与えるようなトラブルについては把握しているが、タイムリーではない
(2) 事業上の課題や財務的な影響はわずかだが、レピュテーションに影響するようなトラブルが十分に把握できていない
(3) 他グループ会社でも発生可能性のある共通のトラブルなどを十分に把握できていない

　つまり、各事業部門の経営実態や事業リスク等について、本社が「活きた」情報を十分に収集できていないのである。本社側が「情報が得られていない」という問題意識を持つ一方、事業部門側では、「本社への報告が負担になっている」「本社に報告した事項が本当に利用されているのか疑義を持っている」などといった悩みもある。
　このような状況を生む要因は様々に考えられるが、その1つとしてあげられるのが、「誰に」「どのタイミングで」「どのような情報」を連絡するかを定めるエスカレーションルールの不備である。

■ エスカレーションルールの不備

　日本の製造業は、1990年代から経営環境が複雑化、多様化、不透明化したことに伴い、各事業の意思決定を早めるため、結果として事業部門に大幅な権限委譲を行ってきた。しかし、その一方で、本社と事業部門との役割分担の設計と、それと整合したエスカレーションルールの不備は本社の各事業部門への情報収集能力を弱め、経営実態や事業リスク等の情報収集を困難にさせてしまった面も否定できない。事業部制組織や、さらに権限委譲を伴うカンパニー制あるいは持株会社制でも、課題は同様である。特に、グローバル展開を加速している日本企業の問題意識は強い。このような弊害を予防するため、あるメーカーでは、事業部制と同時に「経理社員制度」を採用し、各事業部門の経理部員を本社から派遣し、事業部長を数値面からサポートするだけでなく、事業部長の暴走を防止する役割を担っていたという。

■ 活動領域の拡大によるホワイトスペース

　このように、本社の情報不足の要因としては、グローバル化による活動領域の拡大があげられる。

　製造業では、国内市場の縮小もしくは成長の鈍化に伴い、グローバル化が避けられない環境・構造にある。グローバル化を推進するにあたり、企業買収や海外企業との提携などを繰り返し、従来の自社の海外支店だけでなく、新たな海外子会社や海外での提携先等の管理活動エリアの拡大、また、海外拠点が製造だけでなく、マーケティング、販売や研究開発を行うなどによる機能拡大によって、企業の活動領域はエリア的にも機能的にも拡大している。このような事業環境の変化の中、本社はこのような活動領域の拡大に応じた情報収集の仕組みを構築できず、海外のグループ各社の経営実態や事業リスク、コンプライアンスリスク等に関する情報が本社に収集できない、いわゆるホワイトスペースが生まれてしまったのである。

図表Ⅳ-1-8 活動業域の拡大とホワイトスペース

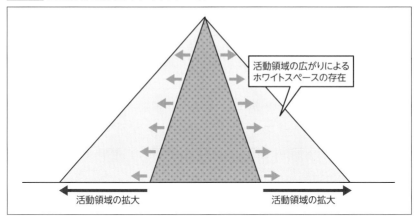

出所）有限責任監査法人トーマツ作成

2 リスクマネジメント導入時の課題と対応

■「重要な情報」を「タイムリーに把握する」

　グローバル展開しているグループ経営において、適切な意思決定をするためには、本社がグループ各社や各事業部門の「重要な情報」を「タイムリーに把握する」必要があるのは当然である。これがリスクマネジメントの前提となる。

　前述のように、日本の製造業各社では、本社の情報収集能力が必ずしも十分ではない結果、グループ各社や各事業部門の「重要な情報」を「タイムリーに把握する」能力が相対的に低下し、リスクマネジメント体制の機能不全が顕在化したケースは後を絶たない。

　では、グループ各社や各事業部門の「重要な情報」を「タイムリーに把握する」ためには、何をすべきだろうか。

　第一に、グループ経営に必要となる「重要な情報」を定義し、「重要な情報」が何かを各事業部門やグループ各社が共有する必要がある。その上で、各事業部門やグループ各社の経営陣が「重要な情報」を把握できる仕組み（プロセス）を構築するのである。

そして、第二に、各事業部門やグループ各社が把握した「重要な情報」を本社が「タイムリーに把握する」ために、「重要な情報」をエスカレーションする仕組み（プロセス）を構築していくことになる。

■ 内部監査の利用

本社の情報収集力を強化することにより、リスクマネジメント体制をより有効に機能させる必要があると感じたY社は、早期にグループ各社や各事業部門の「重要な情報」を「タイムリーに把握する」仕組み（プロセス）を再構築することに着手した。

そこで、Y社が注目したのが内部監査だった。

内部監査は、企業の中の組織や個人が方針やルールを守っているかを、独立した第三者として確認することを主要な目的としている。これに加えて、ルールそのもののあり方やその運用等について助言を行うことも内部監査の目的の1つである。

内部監査には、基本的にあらゆる部門に対して確認・助言する役割が与えられている。そのため、グループ内を縦横無尽に回り、グループ内のコミュニケーションを円滑にする機能をも果たすことが期待できるのである。

図表Ⅳ-1-9 **内部監査の活動領域**

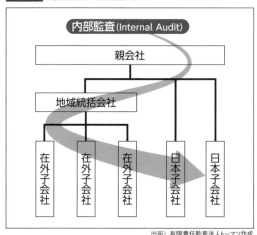

出所）有限責任監査法人トーマツ作成

また、内部監査は通常、経営者直轄の組織であり、各事業部門からは独立した立場にあるため、各事業部門独自の意見（バイアス）に左右されず、経営者に代わり、客観的な視野・視点で情報収集をすることが可能となる。
　そのため、Y社経営陣は、権限委譲により迅速かつ適切な意思決定を行うという目的を維持しつつ、情報収集力の不足というデメリットを解消するため、内部監査を活用し、「重要な情報」を「エスカレーション」させることとした。

■「重要な情報」を把握する仕組み（プロセス）
　前述のように有効なリスクマネジメントを機能させるためには、まず、「重要な情報」の定義、「重要な情報」の定義の共有、「重要な情報」を把握する仕組み（プロセス）の構築と運用が肝要となる。
　Y社では、「重要な情報」の定義とその共有については、本社主導で構築できていた。だが、「重要な情報」を把握する仕組み（プロセス）の構築と運用の状況の確認は、各事業部門やグループ各社に委ねられていたため、実際に本社が求める水準の仕組み（プロセス）が構築され、適切に運用されているかについては、本社側には不安があった。
　そこで、内部監査を通じて、「重要な情報」を把握する仕組み（プロセス）が本社の要求水準をクリアしているか、運用状況は適切かの確認を実施した。ここで重要なのは、このような確認を実施することを事前に各事業部門やグループ各社に連絡した上で実施したことである。事前の連絡によって、事業部門側は自社の考えをまとめた上で回答することができる。内部監査側では、各事業部門の特徴と考え方を俯瞰的に理解・確認することができるため、改善が必要な場合にも、具体的な改善提案ができることになる。
　具体的には、各事業部門およびグループ各社に対して、通常の業務監査と同時に、以下の確認項目の監査手続を実施した。

図表Ⅳ-1-10　「重要な情報」を把握する仕組みに関する内部監査の確認項目

- ☐ 「重要な情報」を把握するための役割分担と権限・責任は明確に定められているか
- ☐ 「重要な情報」を把握するに足る人材が配置されているか
- ☐ 「重要な情報」をいつ、誰が、どのようにして把握し、評価しているか
- ☐ 「重要な情報」に対する対応策をいつ、誰が、どのようにして実施しているか
- ☐ 決定した対応策について、いつ、誰が、どのようにしてモニタリングしているか
- ☐ 入手した「重要な情報」及び対応策は「見える化」されているか

出所）有限責任監査法人トーマツ作成

　これらについて各事業部門およびグループ各社を横串で比較することで、各事業部門およびグループ各社の「重要な情報」を把握する仕組み（プロセス）を評価することにしたのである。

■「重要な情報」をエスカレーションする仕組み（プロセス）

　「重要な情報」を把握した後に、各事業部門やグループ各社が把握した「重要な情報」を本社が「タイムリーに把握する」ことで、リスクマネジメントを有効に機能させることができる。

　「重要な情報」を本社が「タイムリーに把握する」ためには、本社に「重要な情報」をエスカレーションする仕組み（プロセス）が整備されていることが必要となる。

　Y社では、「重要な情報」をエスカレーションする仕組み（プロセス）も「重要な情報」を把握する仕組み（プロセス）と同様に、内部監査での確認項目とした。

　「重要な情報」をエスカレーションする仕組み（プロセス）の確認項目は、基本的には「重要な情報」を把握する仕組み（プロセス）と同様だが、以下の項目を確認した。

図表Ⅳ-1-11 「重要な情報」をエスカレーションする仕組みに関する内部監査の確認項目

- ☐ 「重要な情報」を本社にエスカレーションする役割分担と権限・責任は明確に定められているか
- ☐ 「重要な情報」を本社にエスカレーションするに足る人材が配置されているか
- ☐ 「重要な情報」を本社にいつ、誰が、どのようにしてエスカレーションしているか
- ☐ エスカレーションの方法は「見える化」されているか

出所）有限責任監査法人トーマツ作成

　これらの確認により、各事業部門およびグループ各社は、本社に「重要な情報」をタイムリーにエスカレーションするインセンティブが生まれ、結果として、本社の情報収集力が向上することとなった。

　これ以外にも、子会社については機関設計や取締役のスキルについての検討を行っている。
　Y社では、従来から子会社の役員を本社の従業員が兼任しており、当該役員が本社へのエスカレーション機能を補助する役割を担っていた。
　しかし、本社従業員は年数回しか子会社に往査できず情報収集能力が不足しており、牽制・助言機能が十分に発揮されていなかった。このため、子会社側では当該役員がいなくても実質的な意思決定が行われる体制になっており、子会社側での自律的な牽制の不備が顕在化し、内部監査において、基本的なコンプライアンス違反やリスクマネジメント上の課題が指摘されていた。
　子会社の役員の役割を明確にし、本社から派遣される非常勤役員については、リスクマネジメントオフィサーとしての役割を担わせるとともに、不足するスキルを補うために、派遣時や派遣後に研修を実施し、基本的な論点を繰り返しトレーニングする機会を作った。

■ **内部監査の品質向上**

　内部監査を活用して、「重要な情報」を把握する仕組み（プロセス）の監査や「重要な情報」をエスカレーションする仕組み（プロセス）の監査は、いわゆるチェックリスト型の業務監査とは異なり、実質的に仕組み（プロセス）が機能しているかどうかを判断することが必要となる。

　だが、チェックリスト型の監査経験の長い内部監査のメンバーが、実質的に仕組み（プロセス）が機能しているかについて判断することができるようになるには、大きなマインド・シフトが必要となる。また、各事業部門やグループ各社の内部監査部門をも巻き込む必要もある。

　このため、Y社では、内部監査の品質を向上するために、グループ全体の内部監査のメンバーに対する教育・研修を繰り返し行った。教育・研修にあたっては、外部講師によるヒアリングに関する研修、往査時に外部コンサルタントを同席させることによるOJTなど、様々なプログラムを実施した。また、従来、実施する手続きだけを記載していた内部監査手続書やその体系の見直しも行った。実施する手続きの意義の理解を共有のものとするために、監査の趣旨、監査上の留意点、実務の例示、監査上のポイントなどを併記することによって、さらに内部監査人の理解を深められるような内部監査手続書とした。

③ 本事例が示唆するもの

　グループ経営において、リスクマネジメントを行うためには、本社がグループ各社や各事業部門の「重要な情報」を「タイムリーに把握する」ことが不可欠であることは、あらゆる経営者が理解している点だろう。

　しかし、グローバル化を加速させている企業、権限委譲が進んでいる企業などは、その必要性こそ感じているものの、容易に現状を変えられない場合も多いと思われる。Y社では、内部監査という機能を活用して、この問題に対処したが、他の方法でも、例えばグループを横串で客観的に評価できる地域統括会社のような組織を活用した問題解決も可能と考えられる。

内部監査は、部門に関係なくグループ内を縦横無尽に回ることができ、グループ内のコミュニケーションを円滑にする機能も期待できるので、本社の情報収集力を高める上では、最適な機能を備えていると考えられる。

4 今後の課題

Y社では、内部監査機能を活用することで「重要な情報」を「タイムリーに把握する」機能は向上した。

しかし、事業環境は刻一刻と変化しており、「重要な情報」そのものも変化する。常に活きた「重要な情報」を把握するためには、「重要な情報」の定義の見直しや、「重要な情報」をいかに各事業部門やグループ各社が察知し、本社にエスカレーションすることが必要である。

Y社では、「重要な情報」を把握する仕組みと、「重要な情報」をエスカレーションする仕組みの監査によって、各事業部門やグループ各社に情報伝達の重要性を認識させることにつながった。

しかし、まだ各事業部門やグループ各社の経営者にも「グループ経営」の意識が十分とはいえない。

Y社では、今後、「重要な情報」を把握する仕組みと「重要な情報」をエスカレーションする仕組みをさらに高度化することでグループにとって全体最適な意思決定につなげるとともに、本社からのフィードバックを適時に実施することで、「グループ経営」の意識向上にチャレンジしている。

事例3 製薬業 Z 社のケース

―◉Point◉―
トップダウン＆ボトムアップの双方向コミュニケーションにより、グローバルなリスクへの対応が円滑化

1 事例背景

■日本における業界環境

　日本の製薬業は、国の医療財政の下、国民総医療費の約4分の1が使用される医薬品市場をその活動の中心領域としてきた。日本における高齢化の進展とともに、今後も医薬品の需要は増加傾向にあると考えられる。その半面、国の医療財政は厳しさを増し、日本の医薬品市場を取り巻く環境は、年々不確実性が高まっているといわれる。

　また、医薬品の販売価格は、医療財政の健全性を担保するため、薬価制度の下、厚生労働省により決定される。薬価制度とは、医療用医薬品の販売価格を市場原理に委ね、自由に決定されるものではなく、厚生労働省が医薬品目ごとに「薬価」と呼ばれる販売価格を決定する制度をいう。これは、国民皆保険制度おいて医療機関における診療代や医薬品代の大部分が公的医療保険の対象となるため、あらかじめ販売価格を決定しておくことで医薬品価格の高騰を防ぎ、医療財政の安定や、年々増加傾向にある医療費の抑制を目的とした制度である。一般的に薬価は2年に1度改正され、類似薬効比較方式により、基本的に薬価が引き下げられる方向で調整が入ることとなる。つまり、製薬企業は常に医薬品の販売価格の下落リスクに直面しているといえる。

■従来の製薬業のビジネスモデル

　このような市場環境下において、製薬企業が成長を続けていくためには、常に新しい医薬品の種（パイプライン）を多く生み出し、新薬を市場に供給する必要がある。しかしながら、新薬が市場で販売できるようになるま

でには、一般的に10年から20年程度の歳月を要するだけでなく、数十億円から数百億円規模の多額の研究開発費も必要とされる。その上、新薬開発の成功確率は約1万5,000分の1といわれるほどの低さである。新薬開発とは、途方もない企業努力と研究開発費用が必要なものなのである。

　従来の製薬企業のビジネスモデルは、「ブロックバスター」と呼ばれる1つの薬剤で、年間1,000億円を超える売上を期待できる大型の新薬を開発・上市し、莫大な研究開発費を賄い、新しく有望なパイプラインの創出・開発を行うといったものであった。ただし、ブロックバスターの特許切れに伴い、同等の成分・効能を持つジェネリック医薬品が出現すると、先発薬の薬価は一気に引き下げられてしまい、売上が急激に落ち込むことになる。

　複数の製薬業者は、生活習慣病をターゲットにしたブロックバスターが特許切れとなる、いわゆる「2010年問題」に直面しており、新たな収益源を確保する必要が生じている。このようなごく一部の薬剤に強く依存するビジネスモデルは、ハイリターン・ハイリスクのモデルといえる。

■日本の製薬企業のM&Aと海外市場への進出

　海外の製薬企業は多額の研究開発費用を賄うだけの資金力、またその資金を創出するパイプラインの拡充、自社製品の拡販を行う販路の拡大を目的に、M&Aを繰り返し、大手製薬企業同士の合併が非常に活発に行われてきた。

　日本においても、2005年に山之内製薬株式会社と藤沢薬品工業株式会社の経営統合（現・アステラス製薬株式会社）や三共株式会社と第一製薬株式会社の経営統合（現・第一三共株式会社）等があり、大手製薬企業同士の合併が繰り返された。

　また、日本の製薬企業は、財源上の制約がある国内市場だけではなく、海外に自社製品の販売を拡大させる必要があり、他の業種同様、企業のグローバル化が避けられない状況となっている。これについては、自社販売チャネルの独自開発だけではなく、武田薬品工業株式会社によるミレニアム（米国）とナイコメッド（スイス）に代表される海外製薬会社の大型買収

により、海外市場への展開が急速に実行に移されている。

2 多様な業界規制とグローバル化でみえてきた課題

■ 多様な業界規制

　製薬業は、人体に直接作用し、病気の予防・治癒を目的とした医薬品を開発・販売していることから、様々な規制を受ける。特に、厚生労働省が定める薬事法は、保健衛生の向上を図る目的から、医薬品等の有効性・安全性の確保に関する多くの定めを設けている。薬事法を基礎として、医薬品の研究・開発・製造・出荷・販売後の各過程で、厚生労働省令による厳格な基準が設けられており、製薬企業は常にそれらを遵守することが求められている。

　これらの省令を遵守できず、薬事法による医薬品の製造販売業許可が取り消されてしまうと、企業活動は甚大な影響を受けることとなる。

　必然的に製薬企業は、規制違反に関する事業リスクをいかに管理していくかが、企業経営上の重要事項となる。

　これらの規制と、その対応の必要性は、日本のみならず海外においても同様である。急速な海外展開を推し進めた製薬企業においては、各国における最新の関連規制を常時アップデートし、適切に対応することが、グローバルで活動するための絶対条件となっている。

図表Ⅳ-1-10　製薬業の活動とそれに関連する日本の関連規制

段階			基準	内容
研究・開発	【1】GLP		【1】GLP (Good Laboratory Practice)：安全性に関する非臨床試験の実施基準	非臨床試験における安全性試験データの信頼性を確保するため、動物実験などの作業手順や施設などについて定めた基準
	【2】GCP	【4】GQP	【2】GCP (Good Clinical Practice)：臨床試験の実施基準	被験者の人種と安全性の確保という倫理的配慮の下、適正かつ科学的に臨床試験を行うことを定めた基準
製造	【3】GMP		【3】GMP (Good Manufacturing Practice)：製造管理および品質管理に関する基準	安全な製品の製造に向け、医薬品の製造工程の各段階で品質を確保するために製造業者が遵守すべき基準
出荷			【4】GQP (Good Quality Practice)：品質保証に関する基準	製造業者（委託先製造業者、もしくは自社工場）の監督管理、品質管理に関する基準
販売後	【5】GPSP	【6】GVP	【5】GPSP (Good Post-Marketing Study Practice)：製造販売後の調査および試験の実施基準	製造販売後の再審査・再評価資料作成等を目的とした試験・調査を実施するにあたり遵守すべき基準
			【6】GVP (Good Vigilance Practice)：製造販売後安全管理基準	医薬品の製造販売後の安全管理（品質、有効性、安全性、その他必要な情報の収集、検討、その他結果に基づく必要な措置）に関する基準

出所）有限責任監査法人トーマツ作成

■ **急速なグローバル化・規模拡大に伴う管理の困難性**

　Z社も、独自に開発した医薬品の海外販路の拡大や、質の高い創薬技術を求めて積極的に海外展開・海外企業買収を行ってきた。その一方で、Z社の海外子会社において、自社医薬品の副作用情報の監督官庁への報告が、自社の社内ルールに反し、適時に実施されていなかったことが発覚した。

　この事実に強い危機感を持ったZ社の経営者は、その原因分析の中で、事業拡大と急速な海外進出を進めた結果、本社や管理担当部門への情報収集・報告の仕組みをグループ全体として構築できず、グループ各社の事業リスク、所在国の業界規制に関連する情報を即時に集約することが難しい状況であることを認識した。「日本国内でのみ事業を行っていたときに普

通にできていたこと」の難易度が、事業規模と活動エリアの拡大に伴い、圧倒的に高まっていたのである。

3 リスクマネジメントの実践

■ リスクの識別・評価

　Z社の経営者は、まず自社が置かれている状況におけるリスクの識別・評価を行った。

　この時、リスク識別の方法として、自社の継続的存続のために影響が大きいビジネスリスクを識別する目的から、自社のビジネス上の脅威を経営者の観点から掘り下げていった。コンプライアンス部門や医薬事業部門の海外担当部署と連携させ、まず複数の想定されるオペレーショナルリスクを網羅的に識別した。

　また、リスクマネジメントの活動は、本社のごく一部の者のみが主体的に取り組めばよいというものではない。グループ全体にリスクマネジメントの必要性を理解させることが重要であると考えたA社の経営者は、医薬品事業部門の海外担当部署を取りまとめ役として、各海外事業拠点が識別したリスク項目について、現場の肌感覚から脅威と感じるものをアンケート形式で吸い上げようとした。アンケートを通じて現場と直接的にコミュニケーションをとることにより、組織の全員に「リスクマネジメントは全社統一の意識で実行され、組織の全員に直接的に関係のある取り組みである」という意識を醸成することも、経営者の目的の1つであった。

　アンケートにおいて利用された評価軸は、リスク発生時の「損害規模」とその「発生可能性」である。

　製薬企業としての事業継続性に対するリスクの評価において、そのリスクがもたらす経済的インパクトを推し量ることが必要と考えたZ社の経営者は、リスク評価にあたっての評価軸の1つとして、「リスク発生時の想定損害額」を採用した。また、Z社グループにおける残余的なリスク管理の脆弱性に焦点を当てるため、「リスクの発生可能性」をもう1つの評価軸として設定した。

その上で、アンケート結果をベースにリスクマップを作成した。これにより、前述のリスクマネジメントへの意識を高める契機となった「医薬品の安全性管理・情報管理」、つまり「ファーマコビジランス（Pharmacovigilance：薬剤監視）への対応」が最も重要度の高い取り組み事項であると判断するに至った。

図表Ⅳ-1-11　製薬企業での残余オペレーショナルリスクマトリックス（例）

縦軸：リスク発生時の損害（大きい／中／小さい）
横軸：発生の可能性（低／中／高）

- 大きい×低：開発データの社外流出
- 大きい×中：外国公務員との関係
- 大きい×高：医薬品の安全性情報管理、贈収賄の実行
- 中×低：パートナーの不法行為等、特許情報管理、販売価格操作
- 中×中：文書の管理、個人情報管理、産業廃棄物の処理、独占禁止法の遵守、CRO不正
- 中×高：仕入先との共謀、医薬品広告規制、人材の流出
- 小さい×中：競合の情報収集方法
- 小さい×低：インサイダー取引規制
- 小さい×高：セクハラ・パワハラ・宗教問題、貸与資産の横領

凡例：リスク高／リスク中／リスク低

出所）有限責任監査法人トーマツ作成

■ファーマコビジランスとは

　ファーマコビジランスとは、具体的には「医薬品の（主に市販後の）監視活動」を指す。一般的には、開発段階や市販後の医薬品に関連した有害事象（いわゆる副作用）を監視し、発生した場合にはその調査を行うなどの活動を意味すると理解されている。

　前述のとおり、人体に直接作用する医薬品の安全性は、何より重要視さ

れるべきものであり、各国の監督官庁は、厳格な副作用情報等の適時報告義務を製薬企業に課している。

　ファーマコビジランスは、元来あくまでもリスクを最小化するために生まれた考え方である。しかし製薬業界においては、決してコンプライアンス対応、つまり規制を遵守できないことによるリスクを回避するための業務として、限定的に捉えるべきではない。各製薬企業では、数年前から、適切な副作用情報の収集、当局への報告といった業務の確実な遂行に加え、製薬企業側がプロアクティブに有用な情報を医療従事者などに提供できるよう、副作用情報の分析に力を入れている。業務プロセスの変革や、製薬企業として患者の利益に立脚したミッションの再定義といった対応をとる企業も増加している。

　また、厚生労働省によって、リスク最小化計画を含めた医薬品リスク管理計画（RMP／Risk Management Plan）を策定するための指針も整備され、ファーマコビジランスにおいて、企業内の複数部門による連携が重要となってきている。

■ファーマコビジランス対応実務

　リスク評価において、グローバルでのファーマコビジランス対応について、見直しの必要性を認識したZ社では、リスクマネジメントプランの策定などに関する業務設計を一通り実現した後に、さらにファーマコビジランス機能の価値を高め、企業として患者の利益に貢献すべきかに関する検討を行う必要があるとの認識を強くした。そして、その実現のための業務機能、組織設計を行い、副作用情報の確実な収集、医療現場へのフィードバックといった業務の流れをグローバルレベルで向上させるべく、今後のあるべき姿を検討するプロジェクトをスタートさせた。

　プロジェクトのアプローチは、経営者レベルが検討し、現場への浸透を図る「トップダウン」と、現場の意識を変革する「ボトムアップ」の両面から進められた。

　トップダウンにより、業務機能としてのミッションの策定が行われた。

ここで設定されたミッションは、企業または部門として、自社薬剤の安全性情報をベネフィット／リスクの両面において、それらのバランスを保ちながら情報発信できるようにする、というものであった。また、社内と社外との情報のやり取りの手段、内容を精査し、どのような情報を、どの部門／外部関係者に、どのようなタイミングで伝えれば、医療現場への伝達情報が高度化され、有益なものになるのかといった、情報の質の高度化に向けた検討が行われた。加えて、企業内部の課題として、グローバルでのコミュニケーションの実施方法や、共有化すべき事項のエスカレーションパス設計、手順書などの統一や効率的な共有化方法も検討されることとなった。

ボトムアップとしては、同一の基準によるグローバルな副作用情報の評価、グローバルな情報の利用とその分析に基づく安全性情報の確立を目指して、グローバル全体の副作用情報を1か所に集積し、より多く、広いデータソースで分析を行うための、インフラ整備を行った。業務プロセスにおいても疾患領域、治験や市販後といった製品のライフサイクルごとに細分化されていた組織体制を見直し、確実な当局報告を担保しながら、製品のライフサイクルにおいてより有用な情報提供ソースが確保できる仕組みの構築が検討された。

これらの検討の後、実際に業務手順やマニュアル、組織改編などが行われ、Z社ではより価値の高い情報を医療現場に届けることが可能となった。今後は、医薬品の適正使用の推進によるリスクの低減および医療経済への貢献など、社会的にも大きな意味を持つ取り組みが推進される予定である。

4 今後の課題

ファーマコビジランスへの対応に関する一連のプロジェクトを通じ、Z社経営者の狙いには、組織全体のリスクマネジメント意識の向上があったと考えられる。リスクマネジメントは、現場のスタッフが「やらされている」と感じながら対応しているようでは、目的の達成は困難である。ファーマコビジランス対応を例にとれば、それは「患者に適切な情報を適時に提

供する製薬企業となること」であり、その中で自社に対する患者の安心感・信頼感を高め、ブランド価値を向上させるという積極的な目的を、グループ全体が追求することを、経営者が志向したように思われる。そのため、トップダウンとボトムアップの双方向コミュニケーションを通じたプロジェクト運営が採用されたのである。

今後にZ社の経営者が期待することは、業務プロセス内に存在する無駄を発見し、業務の単純化・統一化を進め、その効率化を一層推し進めることである。リスクマネジメントへの投資コストを、企業価値向上という利益によって回収することが、Z社経営者が取り組む現状の課題とも考えられる。

前章では、企業におけるリスクマネジメントの活用事例を紹介してきたが、本章では近年トピックとなっている個別の場面および規制の概要やその背景、対応策について、実例を交えて紹介する。

個々の企業の経営環境によって、リスクの要因やその程度は異なるが、具体的なリスクを想定した際に、どのような課題があり、それに対してどのような対処を行うべきかについての検討に役立てれば幸いである。

個別の事例については、以下の構成で紹介していく。

■ 場面別の事例
場面1： 海外での不正の発生
海外子会社における不正の事例を基礎とする、原因分析と対策事例
場面2： メニューの不適切な表示
2013年にホテルから端を発したメニューの不適切な表示問題について、その背景や課題の考察、対策事例
場面3： 情報漏えい
電子媒体の利用により規模が拡大傾向にある情報漏えい事故について、3つの漏洩者別（内部者・外部者・業務委託者）のケースとその対策事例

■ 規制別の事例
経済法1： FCPA（米国海外腐敗行為防止法）

米国Foreign Corrupt Practices Act（FCPA）を中心に日米英の制度の概要、摘発傾向等の解説、コンプライアンス・プログラムの構築に向けた取り組み事例

経済法2： カルテル

カルテルをめぐる動き、摘発事例、カルテルリスクの把握方法などの具体的な取り組み事例

経済法3： 透明性規制（米国Sunshine Actほか）

製薬企業固有のSunshine Act（米国）や透明性ガイドライン（日本）等の制度概要、企業におけるリスクマネジメント体制の構築事例

第2章 個別リスク事例

場面1 海外での不正の発生

⊙Point⊙
「日本の常識」を排除することが、海外不正対応の鍵

1 事例背景

20X1年4月、事業者向け機器を製造するX社は、急激に拡大する東南アジアA国で同種製品を取り扱うY社を買収し、A国市場に参入した。X社はA国の近年の経済発展を魅力的に感じてはいたものの、A国で販売網を一から築くには大変なコストと労力がかかるため進出に二の足を踏んでいたところ、Y社代理人であるZ銀行からの打診を受けて、Y社買収を決断するに至った。この買収によってX社は、A国の主要地域における営業拠点と人材による販売網を1度に獲得することができた。

翌年4月、日本の親会社の内部監査部が現地往査を実施したところ、全般的に債権の回収が遅れ気味であることに気が付き、原因を追及した。その結果、営業担当者の1人が回収した売掛金の一部を着服していたことが発覚した。さらにその翌月、本社管理担当者と外部コンサルタントが同行して再調査を行うと、金額の多寡はあったが、Y社の営業担当者約50名のうち、過半数の担当者が同様の不正を働いていたことが判明した。

■海外（特に新興国）における不正リスクの危険性

実は、新興国を中心とする海外では、このような事例は稀ではない。新聞で公表されるような不正事例はごく一部であり、公表されない比較的少額のものを含めると、非常に多くの不正が発生しているとみられる。

図表Ⅳ-2-1 海外の不正事例

業　務	国	不正の概要
販　売	B国	販売会社 J は、B 国の代理店と長年、継続して取引しており、販促費の申請や販売実績報告の内容については信頼していた。近年、販売実績が落ち込んでいる一方で、販促費は増大していた。その後、販売担当者が代理店担当者と共謀して、販促費を不正に請求していたことが判明した。
購　買	C国	C 国にある工場の責任者と直属の管理者の 2 名が仕入業者と結託して、消耗部品を相場より高い価格で購入し、キックバックを得ていた。製造現場の管理は、当該両名が牛耳っており、また日本人駐在員は主に製品の管理を担当していたため、消耗品の管理については野放し状態になっていた。
経　費	D国	D 国にある工場において、交通費、出張旅費、交際費等の経費精算は、（英語ではない）現地語の証憑に基づいて申請・承認されていた。承認者である日本人責任者は、現地語をよく理解していなかったが、一件ごとの金額は少額であり、かつ出張も多く多忙であったため、そのまま承認していた。その後、本社からの内部監査で多数の不正請求が行われていたことが判明した。
在　庫	E国	E 国にある工場で不要となった資材の廃棄処理を、現地の小規模経営の産廃業者に委託していた。後に、この産廃業者は、工場の総務責任者の知人が経営している業者であり、この総務責任者は業務委託料の一部をキックバックとして受け取っていたことが判明した。

出所）有限責任監査法人トーマツ作成

② 不正のトライアングル

　不正はなぜ発生するのか。米国における有名な研究として、犯罪学者のドナルド.R.クレッシー（1919年〜1987年）が、中西部の刑務所に収監されていた約200名の横領犯に対して聞き取り調査を行ったものがある。この研究においてクレッシーは、不正を行う際の仮説として、以下の3つの要素がすべて揃ったときに、不正が発生し得るとしている。この理論は「不正のトライアングル」として知られている。

(1) 他人に打ち明けられないような金銭的な悩みを抱えている（プレッシャー）
(2) 自分の職業上の立場を利用すれば、誰にも気付かれずに金銭的な悩みを解決できる（機会）
(3) その行為を行うことには正当な理由があるといった理由付けが存在する（正当化）

図表IV-2-2 不正のトライアングル

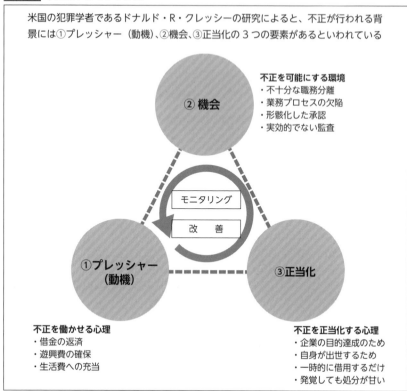

出所）有限責任監査法人トーマツ作成

　この理論を現代のビジネス社会における場面に当てはめて考えてみると、以下のようになる。

■プレッシャー

　例えば「業績を達成しなければ自分の評価が下がり、給料も下がってしまう」「ギャンブルで多額の借金を作ってしまい、返済に困っている」「家族が重い病気にかかり、今すぐまとまったお金が必要だが、借りるあてがない」などといった事情がこれにあたる。

■ 機会
　例えば「出納業務や記帳業務を1人の担当者が実施しており、職務が十分に分離されていない」「上司の承認が形骸化していて、内容を十分に確認しないまま捺印している」などといった内部統制の不備がこれにあたる。

■ 正当化
　例えば「賄賂は会社の活動を円滑に行うためのものでありで、私欲ではない」といった自分に都合の良いいい訳などがこれにあたる。

　不正リスクの防止策を検討する場合には、不正を働く側の立場から考えて、この3要素のいずれかを抑制することが必要となる。例えば、会社が、不正を行う誘惑にさらされている従業員の悩みに気付き、早めに相談に乗ることで、その従業員の「プレッシャー」を軽減し、結果として不正行為を防止できる可能性がある。また、会社が不正行為を防止するための内部統制を十分に構築できていると考えていても、不正を働く本人がそのように考えていなければ、不正は起こり得る。この場合、内部統制を強化して、「機会」に対する認識のギャップを埋める必要があるだろう。

③ 事例の検討

　X社の事例について、これら3要素の観点からなぜ不正が発生してしまったのかを考えてみたい。

■ プレッシャー
　不正行為に追い込まれる事情は個人によって異なるが、A国ではいまだ貧富の差が激しく、宗教上の理由もあって大家族である傾向がある。そのため、金銭的な余裕のない家庭も多く、もっと多くの金が必要だと考える従業員がいたかもしれない。

■ 機会

　A国では、Y社の営業所が各所に点在している。各営業所には営業担当者が1名ないし2名しかおらず、Y社本部から監視の目が届きにくい状況であった。買収後にX社からY社本部に日本人駐在員が派遣されて経営管理全般を監督しているものの、異なる文化や言語が壁となり、現地従業員とのコミュニケーションは良好とはいえなかった。また、実質的な業務は、買収以前から勤続する現地マネジャークラスに丸投げしている状況であった。さらに、Y社では内部監査も実施されておらず、牽制が効いていない状況が10年以上にわたって続いていたため、営業担当者の心理を牽制する統制環境はなかったといえるだろう。

　また、国全体で銀行等の電信振込のインフラが十分に整っていないA国では、各営業所の営業担当者が顧客のところへ出向き、代金を現金で回収していた。領収書の発行も営業担当者自身が担当しており、不正の「機会」は多く存在していたといえる。

■ 正当化

　20X1年にY社を買収した後、X社はA国首都にあるY社本部に社長、営業本部長、管理本部長等の日本人駐在員を配置し、すべての主要なポジションは日本人駐在員によって占められていた。Y社の給与水準は、同業界においては中程度であり、A国民の平均的な水準程度であったが、日本人駐在員の給与は自分たちの給与の数倍である、という噂が広まり、従業員の間に不満がくすぶっていたようである。

　そのような中で、各従業員に「自分たちの給与は日本人駐在員と比べて不当に低い」「この程度の金額なら懐に入れても問題ではない」などという心理が働いたことが想像される。また、この事例では、約50名の営業担当者のうち6割ほどが不正を働いていた。「周りの皆もやっている」「自分だけではない」という集団心理が働いた可能性もある。

　X社のケースのような海外子会社での不正事例を考えるにあたっては、

まずは日本における常識を排除することが必要である。海外子会社の規模などから、日本では当然と思われるような内部統制が整備できないことがあり、「機会」に対する認識が異なっていることがある。つまり、このようなケースでは、組織設計面における困難が生じ得ることになる。

また、一般的な日本人とは異なる倫理観や経済的価値観にぶつかることも多くある。例えば、特に新興国においては不正に対する抵抗感が相対的に低い傾向がある。日本人にとっては大した金額ではなくとも、現地の従業員にとっては決して小さくない金額である、といった場面も少なくない。つまり、「プレッシャー」や「正当化」に対する感覚が、日本人とは異なるわけである。このようなケースでは、心理面における困難が生じ得る。

このように、組織設計や心理面の感覚の違いが日本本社内で共有されない限り、海外子会社での不正の発生を実質的に防止・低減する体制を構築し、効果的なモニタリングを実行することは難しい。

4 不正発生時の対応策

実際に不正が発生してしまった場合、企業はどのような対応策をとるべきか。基本的な流れとしては、①原因調査（根本原因の把握）、②対応策の検討と実行、③対応策の定着とモニタリングの3ステップとなる。

図表Ⅳ-2-3 不正発生時の対応策

①原因調査	②対応策の検討と実施	③定着とモニタリング
実施事項 □関係者へのヒアリング、証憑閲覧による事実の把握 □把握した事実に基づく原因の究明 **ポイント** □不正の3要素の観点(機会・プレッシャー・正当化) □不正が発生した部門以外にも同じ状況がないか	**実施事項** □把握した原因を解決する対策の検討 □対策の社内での承認と実施 **ポイント** □組織・制度面(短〜中期)と心理面(中〜長期)に分けて対策を検討 ➡組織・制度面(短〜中期) ・権限、業務分掌の明確化 ・コントロールの強化 ➡心理面(中〜長期) ・評価制度の見直し ・意識改革	**実施事項** □対策の社内への周知・徹底 □対策の定着具合に関するモニタリングの実施 **ポイント** □社内への周知は繰り返し、徹底する(1回では完了しない) □対策の実行は、各部門に任せきりにせず、定着の状況を定期的にモニタリング

出所)有限責任監査法人トーマツ作成

■原因調査(根本原因の把握)(①)

　不正行為が発覚してしまった場合、原因を調査し、そのような不正行為が発生してしまった根本原因の把握に努める必要がある。原因把握のための手法としては、例えば会社内の関係者へのヒアリング、証憑の閲覧などがあげられる。その際の視点としては、前述のとおり、不正のトライアングルの3要素(「プレッシャー」「機会」「正当化」)を踏まえて確認することが重要である。

　すでに述べたとおり、「機会」とは不正を行うことが可能な状態をいう。例えば、本来分離して行うべき業務を長期間にわたって1人で行っていること、権限や業務分掌を逸脱できる状況にあること、それらに対して必要な事前の牽制や事後的なモニタリング機能が働いていない、といった状況がみられないかを、1つひとつ確認していくことが必要である。

　原因の把握が難しいのは「プレッシャー」と「正当化」である。これらを把握することは、根本的な解決策の検討のために重要だが、不正を行う者の心理面の影響が大きいため、どうしても把握することが難しい。しかし、まったく兆候がみられないわけではない。不正発覚後の調査では、実際に

不正を働いた人間について、以下のような兆候が事前にみられたというケースが報告されている（ただし、これらの兆候がみられたからといって、必ずしも従業員が不正を行っている、ということではないことに留意されたい）。

図表Ⅳ-2-4 **不正の兆候の例示**

職場における態度等	私生活における状況等
○ 自分を大きくみせようとする ○ 内部統制の弱点を熟知している ○ 部下を恫喝する ○ 上司に対して敵対的な振る舞いをする ○ 長期間有給休暇をとらずに働いている 　　　　　　　　　　　　　　　　　など	○ 身分不相応な暮らしをしている ○ 博打好き ○ 薬物中毒・アルコール中毒 ○ 最近振る舞いが変わった ○ 不倫している ○ 金銭面で満足していない ○ 物欲が強い ○ 副業をしている ○ 身内に重病に苦しんでいる人がいる 　　　　　　　　　　　　　　　　　など

出所）有限責任監査法人トーマツ作成

　これらは不正を働いた従業員個人の状況だが、そもそも会社の組織風土が不正を起こりやすくしているケースもある。本事例では、従業員が日本人駐在員との給与格差に不満を抱いていたことを紹介したが、こうした不満が組織内に蔓延することにより、不正が起こりやすい環境が生まれることもある。特に海外では、自分にとってより有利な環境で働きたいという個人主義が強い傾向があり、会社のために働くというロイヤルティの醸成が困難である。このような個人主義は組織に対する不満を誘引しやすく、結果としてモチベーションが低下し、従業員が不正に走るケースがある。

　さらに、原因調査と根本原因を把握する上で欠かせないのは、調査・原因把握の対象を、不正が発生した個人や、その所属部門、地区・地域に限定しないことである。不正は個人あるいはその部門の問題と認識してしまいがちだが、組織内の1か所で生じた不正は、他部門でも生じる（あるいは生じている）可能性が高いと考えるべきである。

■ 対応策の検討と実行（②）

次に、これらを踏まえて対応策を検討していく。対応策の検討にあたっては、先に述べた組織設計上における困難と心理面における困難の双方を解決しなければ、不正発生の原因の根本的な解消につながらないことに注意しなければならない。「組織設計面」については、統制手続の整備・強化が課題となる。例えば、権限や業務分掌の明確化など、種々のコントロールの整備・強化のことである。「心理面」については、そもそも不正の発生を許してしまう組織風土を変えるための対策が必要となる。下記の**図表Ⅳ-2-5**は、不正リスクの対応策の全体像である（なお、図中の（5）のモニタリングは次節で説明する）。

図表Ⅳ-2-5　不正リスク対応策の全体像

組織設計面での対応策	(1) リスクの評価 ○不正リスクの識別と評価	(2) 統制活動 ○職務分掌、承認、照合、アクセス管理、IT統制等の手続の策定と運用 ○上記を含む具体的な業務マニュアルの制定と運用	(5) モニタリング ○日常的モニタリング ○自己評価 ○内部監査
心理面での対応策	(3) 健全な内部統制環境 ○組織風土、経営者の誠実性 ○倫理綱領、行動指針の制定 ○研修の強化―周知のための教育・研修 ○人事制度―ロイヤルティの強化、罰則 ○上記各項目のグループ各社への展開・浸透を含むグローバルでのガバナンスの確立　　など	(4) 円滑な情報伝達 ○不正リスク情報の伝達ルートの確立 ○内部通報制度など ○グローバルなコミュニケーション・チャネルの確立	

出所）有限責任監査法人トーマツ作成

【組織設計面における対応策】

ここでは、組織設計面からの対応策を紹介する。まず「(1)リスクの評価」を行い、不正が発生するシナリオを特定するとともに、これを防止・抑制・発見するための内部統制を検討する。これは不正が発覚し、原因を識別し

た後、比較的短期間のうちに解決すべき課題といえる。

　(1) リスクの評価

　まず、把握した組織設計面における根本原因を踏まえ、リスクの評価を実施する。この際、実際に発生した不正行為に関わる業務のほか、不正が生じるリスクのある業務を検討対象として不正シナリオを検討する必要がある。その後、検討した不正シナリオに対して、リスクを適切に防止・低減できる内部統制を検討していく。

　本事例では、X社の管理責任者が外部コンサルタントとともに、3週間をかけてY社を訪問し、現金回収業務に限らず、販売業務プロセス全般（顧客マスターの管理→受注→出荷→売上計上→売掛金管理→代金回収→入金消込）を対象とした調査を行い、不正が発生し得るポイントを洗い出した上で不正シナリオを作成し、リスク予防・低減のための内部統制を検討していった。下記の**図表Ⅳ-2-6**は、販売業務における不正シナリオと内部統制の検討例である。

図表Ⅳ-2-6 不正シナリオと内部統制の検討例

No.	業務	項目		不正シナリオ	内部統制のポイント
1	販売	受注	得意先との結託による商品の横領	営業担当者が得意先と結託し、当初は少額の適正な取引を繰り返して信用させた上で、最後に商品を大量に出荷した上で行方不明となり、高額な商品や換金性の高い商品を横領する。	①営業部門の上長が受注一覧表等により受注した得意先・商品・数量等が妥当であるかを確認しているか ②得意先ごとの与信限度額が適切であるかを定期的に確認しているか ③与信限度額を超過する受注が発生した場合に、出荷を停止する仕組みとなっているか。または、営業部門の上長の承認を得て出荷する仕組みとなっているか
2	販売	受注	注文事実のない受注入力による在庫の横領	受注入力担当者は得意先からのファックスに基づき受注入力を行うのが通常であるところ、営業担当者が得意先からの注文書を偽造し、あるいは口頭で、受注入力担当者に受注入力を指示する。その上で営業担当者は出荷担当者に「自分が直接持っていく」といい、在庫を横領する。	①得意先からの注文書に基づいて受注処理を行っているか。また、得意先からの受注入力後に、必要に応じて、受注内容を得意先に確認しているか（例えば、受注請書の送付） ②口頭での受注入力指示など通常と異なる方法で受注入力を行う場合には、営業部門の上長がその内容を確認しているか
3	販売	受注	ダミーコード（諸口コード）の利用による商品の横流し	受注入力の際に小口の現金売上に使用が限定されているダミーコード（諸口コード）を利用し、架空の顧客に対する受注入力を行い、在庫の横流しを行う。	①ダミーコード（諸口コード）は無制限に利用できないようシステムで制限されているか。使用する場合の承認手続はあるか ②営業部門の上長がダミーコード（諸口コード）の使用状況をモニタリングしているか
4				……	
5				……	

出所）有限責任監査法人トーマツ作成

(2) 統制活動

不正シナリオとそれに対応する内部統制を特定した後は、業務フローや業務マニュアルを明文化し、業務を「見える化」しておくことが重要となる。本事例のA国のような新興国では、人的リソースが限られているなどの理由から、このような業務フローやマニュアルが十分に整備されていないことが多く、従業員が個人で業務を抱え込みがちとなる。こうした取り組みは、業務の透明性を向上させるだけでなく、責任の所在が明確になり人事制度との連動が容易になること、業務上の非効率が認識され、ITの活用

などによる業務効率の向上などにつながることもある。また、海外では従業員の退職率の高い国があるが、従業員が突然退職した場合にスムーズな引き継ぎが可能となるといったメリットもあるだろう。

図表Ⅳ-2-7 業務の「見える化」イメージ

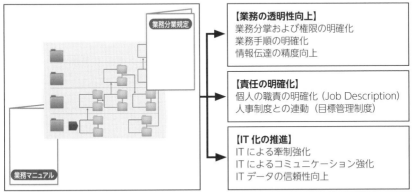

出所）有限責任監査法人トーマツ作成

【心理面における対応策】

次に、心理面からの対応策を紹介する。こちらは組織の風土や個人の倫理的価値観等にも影響が及ぶ対策であるため、中長期的な課題となる。大きく分けると上記の図表Ⅳ-2-5での「(3) 健全な内部統制環境」を構築するための取り組みと、「(4) 円滑な情報伝達」を促進するための仕組み作りの2つがあると考えられる。

(3) 健全な内部統制環境

健全な内部統制環境が確立されていれば、100％とはいかないまでも、心理面からの不正の抑制効果が期待できる。しかし、必要な対策は企業によって様々である。他社が海外子会社において取り組んでいる事例は、自社の最適な方法を考える上でも有効である。以下に、海外子会社における内部統制環境を維持・向上するための実践事例を2例紹介する。

＜実践事例1：グローバルな価値観や経営理念の浸透・強化＞

　通常、企業は固有の価値観や経営理念を持っている。しかし、そのような価値観や経営理念が海外子会社にまで十分に浸透していないケースは実に多い。これには、日本本社のように体系的な従業員研修が行われておらず周知が徹底されていない、日本語の経営理念を英語や中国語などの現地語に翻訳して海外子会社に配布しているが、趣旨がわかりにくく理解が進まない、といった事情がある。前者については、研修体系の整備と、それに従った研修の実施によって周知を徹底する必要があり、課題については明確である。

　難しいのは後者である。ここで重要となるのが、海外子会社に派遣されている日本人駐在員の役割だ。

　グループの価値観や経営理念を現地子会社に浸透させるのは、現地の経営者の役割である。下記の**図表Ⅳ-2-8**のような組織の場合には、駐在員である社長やコーポレート部門責任者が、親会社の経営理念などを単純に現地語に翻訳して配布するだけでは、おそらく現地の従業員には根付かない。まずは、日本人駐在員が経営理念などを深く理解し、現地のリスク環境や法規制、その他の事情を勘案し、現地従業員にわかりやすく嚙み砕いて伝えるといったコミュニケーションを繰り返し行うことが重要である。

図表Ⅳ-2-8 グループの価値観・経営理念等の浸透

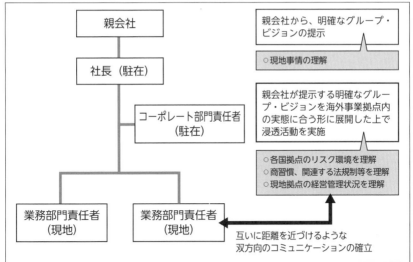

出所）有限責任監査法人トーマツ作成

＜実践事例2：グローバルな人材プログラムの適用＞

　海外子会社の日本人経営者や管理職から、「日本企業は欧米企業に比べて給料が安いので、従業員がすぐに辞めて転職してしまう」といった話をしばしば聞く。一方、日本企業を辞めた現地従業員からは、「日本企業は経営者や幹部クラスに日本人駐在員がいて、自分たちはどれだけ努力してもせいぜい課長止まり」「自分たちは会社の一員として扱われていないのではないか」といった不満が聞かれることも多い。いわゆる「ガラスの天井」である。もちろん、日本企業は雇用が安定しており、できることなら働き続けたいという現地従業員もいる。実践事例1では、日本人駐在員の重要な役割について触れたが、海外子会社の経営を日本人に頼り続ける状況がデメリットを生む可能性もあるわけである。

　こうした状況をよく理解し、日本人以外にも経営層や管理職層へのキャリアの門戸を開くことにより、従業員が「この会社で働き続けたい」と思うような環境を作る努力を行う会社も増えている。現地の優秀な人材に、自らが自社グループの一員であることを認識し、そのことを誇りに思って

もらえるよう、以下のような活動事例を参考として、自社の人材に対する考え方を整理してみることも有益だろう。

このように、現地の人材のモチベーションや企業への帰属意識を高める活動の例として、以下のものがあげられる。

- ◎ 現地の人材の経営層への採用
- ◎ 経営層候補者へのキャリアプランの明示
- ◎ 現地の人材のうち、将来の管理者候補を親会社へ研修生として派遣
- ◎ 親会社、海外事業拠点間で人材交流する短期研修プログラム
- ◎ ベンチマークを通じた給与面での好条件の提示　　など

(4) 円滑な情報伝達

新興国にある海外子会社などでは、人的リソースの不足等も相まって、1人の従業員が業務を抱え込んでしまう場合が多い。このような状況では、業務が「ブラックボックス」と化し、不正の危険度が高まってくる。また、日本人駐在員が経営者や管理職に就いているケースは依然として多いが、言語面の制約などから現地従業員とのコミュニケーションが不足しているケースもよくみられる。このような状況においては、現地従業員が皆知っているような重要な情報が、日本人駐在員である経営者や管理職に、正確かつタイムリーに伝わらないといったことが起こりがちとなる。

このような業務の「ブラックボックス化」を抑制し、コミュニケーションを円滑にすることで、不正を犯さない心理的な牽制効果を高めることは重要である。以下は、海外子会社において、このような課題を克服し、情報伝達を円滑にするための取り組み事例である。

＜実践事例1：同じグループの一員としての積極的なコミュニケーションのための取り組み＞

前述のように、日本人駐在員と現地従業員間で十分なコミュニケーションが行われていないケースでは、日本人駐在員の英語（あるいは現地語）スキルが低いことが原因とは限らない。例えば、アジア地域でよく聞かれ

るのは、日本人駐在員と仕事以外の面で交流する場がなく、その人間性を深く知る機会がないということである。

このような課題を克服するための一例として、会社と従業員が毎月一定額を積み立てて、定期的（半年に1度など）に社員旅行を催すといった取り組みがあげられる。最近の日本では、休日を同僚と過ごすことに抵抗を感じる人が多くなったといわれるが、アジア地域では社員旅行が喜ばれる傾向があり、社員旅行が現地従業員同士だけでなく、日本人駐在員とのコミュニケーションの場になっているケースがある。このような取り組みにより、単なる仕事上の関係を超え、同じ組織の仲間であるという意識が根付くと、会社への信頼や忠誠心が向上し、結果的に不正が起こりにくい組織の雰囲気へとつながっていく。

このほか、日本人駐在員と現地従業員とを互いに近づけるような双方向のコミュニケーションとして、以下のようなものがある。

- ◎ 常に社長室ドアが開かれており、いつでも、誰でも話ができる雰囲気作り
- ◎ 社長が毎月管理者とランチ・カウンセリングを行う
- ◎ コーポレート部門責任者が毎月スタッフとランチ・カウンセリングを行う
- ◎ 日本人管理職による英語や現地語でのコミュニケーションの促進
- ◎ パーティションを排除したオープンなデスク配置への改修
- ◎ 定期的なグループ会議の開催　　など

＜実践事例2：グローバルに利用できる内部通報制度の導入＞

ここまでは不正を起こさせない風土や雰囲気づくりのための取り組み事例を紹介したが、従業員同士が共謀した場合、不正行為を発見することは容易ではなくなってくる。「あの人が不正をしている」「最近急に生活が派手になって怪しい」などと、従業員の間で、不正の可能性が認識されていることがあるが、これを上層部に通報した場合、それを「他の従業員に知られたくない」「逆に自分が不都合な状況に置かれるかもしれない」といった心理が働くことは、想像に難くない。特に、不正を行っているのが上司

である場合などは、通報できないケースが多いようである。

　そこで、実際に不正行為が発生した場合に、情報が現場や個々の従業員から経営者に直接伝わる特別ルートを常設すること、つまり「内部通報制度」を仕組みとして整備しておくことが必要となる。この仕組みが円滑に運用できると、経営者が必要な対応をタイムリーに検討することが一定程度可能となるだけでなく、制度が周知されること自体が心理的な牽制となり、不正の抑制効果にもつながる。なお、適切な内部通報制度の条件としては、以下のようなものがあげられる。

　　◎すべて記録され、かつ機密保持されていること
　　◎タイムリーに調査するなど合理的な対応がとられていること
　　◎匿名で通報できること
　　◎通報者が報復や不利益を被らないことが保証されていること
　　◎従業員に受付窓口が通知され、利用が奨励されていること

図表Ⅳ-2-9 内部通報制度の例示

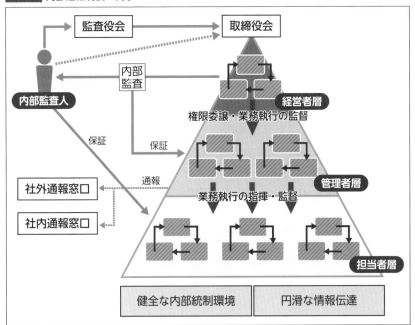

出所）有限責任監査法人トーマツ作成

　ここで、海外子会社のケースを考えてみよう。海外子会社で経営者自身が不正を行っていたケースが新聞等で報道されることもあるが、その場合、通報窓口をその海外子会社内に置いていたのでは機能しない。こうしたケースを想定すると、前述の要件を満たすためには、通報窓口を日本の本社側に設置することが理想的である。その場合、本社側では言語の障壁を取り除く工夫が必要となる。一部には、英語のほか、中国語の対応窓口を設けて、電話・電子メールでの対応を行っている企業もあるが、こうした対応を自社内で行うことが難しい場合は、通報窓口のサービスを提供する外部機関（法律事務所、会計事務所等）に依頼するケースもある。これらの外部機関の中には英語や中国語だけでなくスペイン語、イタリア語、ポルトガル語など多様な言語対応を行っているものもあり、世界中の拠点から通報を受け付けるインフラとして効果的である。

■対応策の定着とモニタリング（③）

ここまでは、上記の**図表Ⅳ-2-5**を基に不正リスクを防止・低減するための対応事例をみてきた。しかし、これらの仕組みが本当に定着しているかを検証する、モニタリングも必要である。

(5) モニタリング

モニタリングを大きく分類すると、日々の業務の中で上司が部下の業務をチェックし、承認するといった「日常的モニタリング」や、チェックリストなどを使って定期的に自身の所属部門の業務の実施状況を確認する「自己評価」、これを社内あるいは親会社の内部監査人が第三者の立場からチェックする「内部監査」に分けられる。

特に海外子会社では、本社から常時、業務の詳細な実施状況をチェックすることが難しい。そのため、海外子会社に定期的に「自己評価」を実施させるとともに、本社からも定期的に（例えば1〜3年に1度程度）現地に赴いて内部監査を実施し、業務が十分に整備されているか、形骸化していないかなどをチェックすることは有効である。そこで改善すべきポイントが検出されれば、それを徹底させることにより、これまでに紹介したような仕組みが定着し、継続的な改善の好循環を作ることにもつながっていく。

5 今後の課題

日本国内の成長の行き詰まりや円高を背景にした（東南アジアを中心とした）海外拠点の拡大、外国企業のM&Aの結果として、これらの拠点管理における課題意識が高まっている。

過去、東南アジアなどでは現地の倫理観に応じて、公務員への賄賂などについて柔軟な対応をとってきたケースもあったようだが、ASEAN経済共同体（AEC）のブループリントを達成するために、ASEANの全加盟国では、2015年までに競争法を導入することとされている。また、米国を中心としたグローバルスタンダードは、巨額の罰金などを通じて、新興国における不正の定義や対応を先進国と同じレベルに引き上げようとしてい

る。特に近年は、米国を中心として、カルテルや贈収賄等の汚職行為に対する取り締まりが厳格化しており、日本企業でも新興国における公務員への贈賄行為により、各国の法律に基づく巨額の罰金の支払いを余儀なくされるケースも出てきている。

　一方で、各国従業員の心理面や海外拠点の組織設計を、短期間で変更することは困難である。また、これまでと変わりない経営管理を続け、変化に対応する時間をいたずらに浪費することも危険である。制度が過渡期にあるうちに、経営者が環境の変化をいち早く把握し、強いリーダーシップを発揮して対応しなければ、海外拠点のオペレーションは制度の変化に追いつけない。組織設計上の課題が存在するすべての国の子会社への対応を1度に行うことができない場合でも、将来的な成長を期待する地域においては、実態を把握した上で、早々に対応策を講じることも必要であろう。

　その際、各事業部門や日本のコーポレート部門が、海外拠点の業務改善を実施するリソースや経験を持たない場合には、問題発生後の対応支援ではなく、最も負荷がかかる導入時に外部のコンサルタントを利用することが有益である。

場面2 メニューの不適切な表示

◉Point◉
消費者・マスコミとの適正なコミュニケーションに有効な「組織としての判断軸」

1 事例背景

■2013年におけるメニューの不適切な表示の経緯

2013年秋、当時の食品表示に関する問題の拡がりに鑑み、某ホテルは報道機関会見を実施し、グループホテル内で不適正表示があった旨の社内調査結果を自主的に開示した。同ホテルが明らかにした不適切な表示とは、例えば、メニュー上で表示していた「芝海老」が「バナメイ海老」であったこと、「ビーフステーキ」と表示していたものが「牛脂注入牛肉」であったことであった。この原因を同ホテルが「偽装ではなく誤表記」と説明したことにも、大きな疑問が投げかけられた。

2008年には、「山形牛」が「前沢牛」と、「カナダ産冷凍エビ」が「北海道産ボタンエビ」と表示されるなどの問題が表面化し、公正取引委員会から指摘を受けていたが、これが繰り返されたところにこの問題の難しさの一端がある。また、自主的な調査で記者会見を行ったホテルが大きな非難とともに報道されたことは、開示上の難しさを印象付けた。

この問題は他のホテルや旅館などだけでなく、百貨店業界などにもその影響を広げていった。

消費者庁では、2013年11月に各業界団体に対して、「景品表示法の不当表示の考え方及びメニュー表示等の食品表示に係る過去の違反事例」を周知するように要請し（消費者庁「ホテルのメニュー表示に係る関係団体への要請について」ほか）、同年12月には「食品表示等の適正化について」として、下図のような適正化対策を公表した。さらに、ここで示された項目のうち、「景品表示法のガイドラインの作成と周知・遵守の徹底」に対応するために、個別論点を解説するQ&A形式のガイドラインを2014年3月に

公表した（消費者庁「メニュー・料理等の食品表示に係る景品表示法上の考え方について」（2014年3月28日、改訂2018年4月1日））。

図表Ⅳ-2-10　食品表示等の適正化について―適正化対策の概要

1. 個別事案に対する厳正な措置
2. 関係業界における表示適正化とルール順守の徹底
   (1) 関係業界に対する指導
   (2) 景品表示法のガイドラインの作成とその周知・遵守の徹底
   (3) 表示に関する相談体制の強化
3. 景品表示法の改正等
   (1) 事業者の表示管理体制の強化
   (2) 行政の監視指導体制の強化
      ① 消費者庁を中心とする国における体制強化
      ② 都道府県知事の権限強化（措置命令の導入）
4. 違反事案に対する課徴金等の新たな措置の検討

出所）食品表示等問題関係府省庁等会議第2回資料2「食品表示等の適正化について」

　問題は、なぜ繰り返されるのか、なぜ報道機関との摩擦が生じるのかということである。その一因として、不適切な表示の判断軸が各当事者間で共有されていないことがあげられる。以下では、不適切な表示に関する判断軸について検討していく。

2 不適切なメニュー表示の発生原因

■不適切か否かの判断軸

　2013年の某ホテルの事例では、不適切なメニュー表示の原因が「偽装ではなく誤表記」と説明されたが、第三者委員会や業界団体等による複数の報告書は、その言葉の定義がホテル側と報道機関側で共有されなかったことが、開示における問題を拡大させた原因の1つであったと指摘している。ホテル側は、「誤表示」は知識不足や誤謬によるものであり、「故意に行ったものではない」と説明した。一方、報道機関側は、ホテル側の説明の意図を問わず、「表示が違う＝偽装」という前提に立っていたところに、両者の

ボタンのかけ違いがあったと思われる。

　故意ではないとしても、表示が適切に行われなければならないことはいうまでもない。その際の判断軸として、「主観的な基準」と「客観的な基準」が考えられる。

　前者は消費者との間で認識の差が生じる（誤解）かが判断軸となることが想定されるが、個々の消費者の知識が一定でない以上、「適切さ」を追求することに必要以上に厳しい判断が求められるからである。そもそもメニューの役割とは、短い言葉で料理の魅力を伝えることにある。一定範囲内の表現の自由は、消費者にとっても有益な面があるため、判断軸の設定にあたっては組織としての方針が不可欠となる。

　一方、客観的な基準として考えられるのは、法令である。あるホテルにおけるメニュー表示の適正化に関する第三者委員会では、メニュー表示に関連する法令として、以下をあげている。

　　◎ 景品表示法（不当景品類及び不当表示防止法）
　　◎ 公正競争規約（景品表示法第 11 条に基づく協定又は規約）
　　◎ JAS 法（農林物資の規格化及び品質表示の適正化に関する法律）
　　◎ 不正競争防止法
　　◎ 食品衛生法、健康増進法
　　◎ 外食における原産地表示に関するガイドライン
　　◎ 和牛等特色ある食肉の表示に関するガイドライン
　　◎ 魚介類の名称のガイドライン

　ただし、これらの法令を熟知していたとしても、例えば「鮮魚」などのように、法令上の定義が明確ではない領域がある。消費者庁ガイドライン「メニュー・料理等の食品表示に係る景品表示法上の考え方について」では、「一般消費者はその飲食店において提供される料理において使用される魚が新鮮なものであると認識するものと考えられますので、解凍した魚をその料理に使用している場合に「鮮魚」と表示しても、このことによって直ちに景品表示法上問題となるものではありません。」と一部を明確化して

いるが、法令上定義が明確ではない領域は必ずあり、その名称利用の可否については、組織としての判断が必要となることに変わりない。このように方針を設定し、かつ開示をすることで、何が適切で何が不適切かを社内外に周知し、その方針に関する環境変化への対応状況を、開示や外部評価などの外部の目を取り入れながら検証することが必要となる。

その意味では、コンプライアンス・マニュアルの開示と同様に、「メニュー表示」の判断軸をホームページ上に開示することで、外部を巻き込んだ議論を行うことも有益かもしれない。

図表Ⅳ-2-11 判断軸の分類と留意点

主観的な基準	法令では規定されない	消費者目線での判断が必要となる。
客観的な基準	法令では明確ではない	監督官庁や法律家などと相談しながら、組織としての方針を判断する必要がある。
	法令で規定されている	法令を網羅的に把握するとともに、その変更や他社事例での解釈について情報収集する必要がある。

出所）有限責任監査法人トーマツ作成

■周知することの難しさ

不適切なメニュー表示の発生原因については、各社、業界団体等が分析している。それらを内部統制の構成要素で区分すると、下記の図表のように整理することができる。

図表Ⅳ-2-12 不適切なメニュー表示の発生原因

		原　因		
内部統制	統制環境	顧客の目を引くメニュー表示という意識	正しい情報提供意識の不足	法令・各種ガイドラインの知識不足
		食材・商品に関する知識の不足	問題になった先例についての知識不足	
	リスクの評価と対応			
	統制活動	社内の前例、慣習のままでのメニュー表示	食材が変更されるときのメニュー変更体制の不備	仕入材料の品質管理不足
	情報と伝達	仕入先との連携の不備	（社内）連携の不備改善提案ができにくい体制	
	モニタリング			
	ITへの対応			

（注）このほか、行政の監督指導体制の問題も指摘されているが、ここでは検討の対象外とする。

出所）有限責任監査法人トーマツ作成

　これらの原因分析は、メニューの不適切表示という観点では合理的なものとなっていると考えられる。

　しかし、前述したホテルのメニュー表示の適正化に関する第三者委員会の調査報告書が、「過去において、会社の直営レストランのメニューが誤表示であると感じたことがありますか。」という質問に対して、回答数1,103のうち1,020にあたる92％が「ない」と回答したと報告したように、今回の問題の本質的な課題は、メニューの不適切表示という認識がなかったことにある。これが判断軸の不明確さに起因することは前述のとおりだが、それに加えて、無視することができないのは周知させることの難しさである。本業界において周知が難しい原因として、以下のような点が考えられる。

　◎ 特定の部門の専門性が高く、他部門の牽制が効きづらい
　◎ 社員だけでなく、パートタイム労働者（以下「パート」）などを含め、多くの人員を雇用している

◎ 一部の機能を外注先や仕入先に依存している

　これらの特徴は、経営陣が問題を問題として認識しづらくさせる原因となる。もちろん、経営者自身が常に問題把握に努める必要があることはいうまでもないが、各部門が「たこ壺」化し、他部門の牽制が効きづらいという特徴は、日本企業で多くみられるものである。これには、専門性が高くなり改善が促進されるという長所がある一方、組織内の常識に疑問を持たなくなる、というリスクをはらんでいる。また、パートなどを含めて、多くの人員を雇用している場合には、何がリスクなのか、何をしてはいけないのかの判断軸を浸透させることや、明文化されていない事項について伝えることが難しい。社会環境の変化に応じて新たに生じた課題についても、各人が考えて対応することは難しいといえる。

　さらに、一部の機能を子会社や社外に依存することで、自社の埒外としてリスク管理責任を負わない姿勢が、対応を難しくさせている場合がある。今回の事例でも、取引先が産地を誤っていた場合などで、消費者や報道機関からの追及を受けたのは、消費者と接し、ブランド力と財務体力がある大手企業であった。そこでは、「取引先がしたことなので」という抗弁は許されず、「仕入れたものをなぜ確認しなかったのか」「なぜ信頼できない取引先を選定したのか」といった反論を受けることとなった。つまり、この判断軸とは、自社以外にも浸透させる努力が求められているのである。

　このような社会的な要請に応えるためには、会社としてどうしたいのかという判断軸を決め、それを浸透していくこと、そしてその判断軸を開示し、常に外部の目によって確認させることで、環境変化に適合してくことが必要になっていくと思われる。

3 不適切なメニュー表示に対する対応策

■対応策の体系化

　各社、業界団体等で示された対応策を内部統制の構成要素で区分すると、下記の図表のように整理することができる。これをみると、内部統制の要

素それぞれに対して、バランス良く対応策を講じていることがわかるだろう。項目数の多さが重要度を示しているわけではないが、統制活動やモニタリングについて、対応策が数多く設定されている。なお「リスクの評価」に該当する部分がない理由としては、「不適切なメニュー表示」という限定されたリスクへの対応策であるためと考えられる。

図表Ⅳ-2-13 不適切なメニュー表示への対応策

		対応策		
	統制環境	コンプライアンス教育の徹底(注1)	企業行動規範の作成	
	リスクの評価と対応			
内部統制	統制活動	チェックリスト、ガイドライン作成(注2)	リスク管理部門の設置	人員配置の適正化
		規格証明書の入手	罰則の明文化	他部門の確認・承認を要するルールの設定
	情報と伝達	外部・内部通報窓口の周知・徹底	品質管理部門に情報提供するルートの設定	
	モニタリング	定期的、継続的な監視	外部監査システムの導入	品質管理委員会の設置
	ITへの対応	社内決裁にITを利用	料理メニュー情報を一元管理するシステム	

(注1) より具体的には、①従業員に対する食品表示を含めた実効性のあるコンプライアンス研修の実施など、②社内規程・マニュアルの改定と周知徹底、③職業倫理の明確化、④基礎的な知識の底上げ、が記載されている。
(注2) このほか、メニュー表示ルールについて産地、銘柄表示の際の確認、発注書、納品書とメニューのチェックなど、具体的な指摘がされている。

出所）有限責任監査法人トーマツ作成

　これらの課題が体系的に評価されたことは、今後の方針を検討する上で有益である。問題が生じる都度の対応とした場合、その対応はいわば切り貼りにならざるを得ず、非効率な業務プロセスとなる可能性があるためである。近年、財務報告に関する内部統制以外でも、自社のコンプライアンス方針や内部監査体制などを外部評価するケースが増えている。これは外部の目を入れながら、バランスの良い業務プロセスの構築を志向するとともに、内部からは認識しにくい自社の問題を認識するためのものといえる。

しかし、これらの統制活動やモニタリングを実行に移すことは容易ではない。品質管理委員会はどのような権限や責任を持ち、いつ、何をすれば責任をまっとうできるのか、他部門の確認・承認を要するルールがスピード感を削がないか、チェックが機能するのか、定期的、継続的な監視をどのように行うのか、人員配置の適正化は実現可能なのかなど、本対応策をやり切るための実務的な課題は数多く存在している。

4 今後の課題

「メニューの不適切な表示」という観点では、消費者庁のガイドラインなどが出たことで、これを「セーフ・ハーバー・ルール（安全港規定）」として運用がされていくことが想定される。一方で、消費者の認識は時代とともに変わるだけでなく、対応されていないルール等が新たに検出される可能性がある。消費者等に接する時間が長いのは取締役ではなく、従業員である。そのため、従業員が自ら考え、組織内で情報を伝達することが重要となってくる。これはコンプライアンス・リスクに限らず、営業上の情報についても同様であろう。

各事業部門からの報告だけではなく、コンプライアンス委員会などのコーポレート部門、第三者の視点を持つ内部監査室など、縦横斜での情報伝達がなされるような仕組みを構築する必要がある。日本企業には、コーポレート部門の発言力が必ずしも高くないケースや、経営者が内部監査室を重視していないケースもあったが、近年ではこれらの状況についての問題意識が高まっているようだ。消費者等と接する従業員の意識を高めるためには、研修だけでなく、多様な部門への報告と、それに対するフィードバックを受けることが有益である。

図表Ⅳ-2-14 情報伝達の仕組み

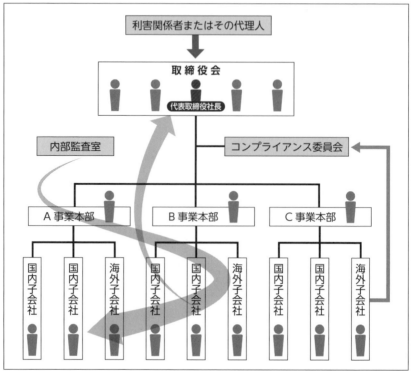

出所）有限責任監査法人トーマツ作成

場面3 情報漏えい

―⊙Point⊙―――――――――――――――――――――――
メリハリ対応と情報セキュリティ意識の向上で、高度化・複雑化・高負担化するリスクに備える

1 事例背景

近年、様々な組織において、情報漏えいに関する事故が多く発生している。中には、機密情報や個人情報の漏えい等により組織の根幹を揺るがすような事故も少なくない。

2005年に個人情報の保護に関する法律(個人情報保護法)が施行されて以降、セキュリティポリシーの策定や個人情報に関するデータの持ち出しを制限する等の安全管理対策が強化されてきた。しかしながら、いまだに情報の流出・紛失等の事故は後を絶たず、むしろ増加傾向にさえある。

図表Ⅳ-2-16 情報漏えい事件・事故

業　種	漏えいした情報	原　因
クレジットカード	顧客の氏名、住所、電話番号等894件が漏えいのおそれ	暗号化プログラムの脆弱性に対する不正アクセス
電力会社	発電所の設備に関する技術資料や写真など業務関係資料	ファイル共有ネットワーク上のウィルスに感染している個人所有PCへ業務関係資料をコピー
省　庁	各省庁における機密情報や個人情報	Webサービス利用時の設定ミス
証券会社	約148万件の氏名、住所、職業、役職、勤務先等	従業員による顧客情報の不正持ち出し
印刷会社	43社分863万7,405件のダイレクトメール印刷用個人情報	業務委託会社社員による情報の不正持ち出し
金融機関	8支店分96万件の顧客名、口座番号、取引金額等	利用明細、各種伝票の紛失

出所)有限責任監査法人トーマツ作成

■ ITを活用したビジネス活動の進展

　情報テクノロジー（IT）の急速な発展により、ITは企業や行政のビジネス活動を支える重要なインフラとして、またビジネス活動の中で欠かせないツールとして利用されている。

　ネットワークの高速化・大容量化により、ノートパソコンやタブレット端末などを外へ持ち運び、ネットワークを介してどこからでも情報へアクセスすることが可能となったが、その中で、個人情報や機密情報といった重要なデータが取り扱われることがある。

■ 情報を保管する環境

　これらの情報は、様々なビジネス活動において、物理的にも論理的にも分散化された状態で保管されている。

　主力でない業務はアウトソースされることも多く、個人情報や機密情報が外部の（時には国外の）業務委託者の下で保管されることも多くなってきた。

　最近では企業や行政の情報システムにおいて、クラウドサービスやASPサービス（インターネットを通じたビジネス用アプリケーションのレンタルサービス）といった外部サービスの活用が増えてきており、サービス提供元で情報管理が適切に行われているか、その状況を把握することが困難になっている。

■ 大規模化する情報漏えい事故

　「情報漏えい」と聞くと媒体として電子データをイメージしがちだが、日本ネットワークセキュリティ協会（JNSA）の調査によると、漏えいの媒体として最も多いのは紙媒体であり、全体の約75％を占めている（NPO日本ネットワークセキュリティ協会セキュリティ被害調査ワーキンググループ・情報セキュリティ大学院大学原田研究室・廣田研究室「2012年情報セキュリティインシデントに関する調査報告書【上半期 速報版】」）。

　反面、USB等の記録媒体やインターネット経由での漏えいは、件数こ

そ少ないものの、情報の電子データ化が進み、情報が分散化したビジネス環境下においては、パソコンやインターネット、また記録媒体が絡み合い、情報漏えいに至るケースが増えている。また、記録媒体や通信回線の大容量化に伴い、大規模な情報漏えいが発生する傾向にある（NPO日本ネットワークセキュリティ協会セキュリティ被害調査ワーキンググループ・情報セキュリティ大学院大学原田研究室・廣田研究室「2011年情報セキュリティインシデントに関する調査報告書～個人情報漏えい編～」第1.4版（2012年12月7日））。

2 情報漏えいの発生原因

情報漏えいは、(1)内部者、(2)外部者、そして(3)業務委託者によって引き起こされる。

内部者による情報漏えいの発生例としては、紙媒体や電子媒体の紛失や盗難、電子メールの誤送信やホームページ上で誤って情報を公開するといった管理上のミス、また組織内部で個人情報や機密情報へアクセス可能な者が、故意に情報を持ち出すといった不正によるケースがあげられる。

外部者による情報漏えいの発生例としては、インターネットを介した特定の企業への攻撃などがある。攻撃方法としては、ウェブサイトの脆弱性を悪用して、組織が持つ情報へ不正にアクセスする「標的型攻撃」（特定の企業や組織のユーザーを狙ったサイバー攻撃）を行うケースがあげられる。関係者や別の社員を装い、標的とする企業の社員に向けてウイルスメールを送信するなどの手口が一般的だが、実在する部門・社員名などを記載することで相手を信用させ、攻撃の成功率を高めるのが標的型攻撃の特徴である。

業務委託者による情報漏えいの発生例としては、内部者を介した情報漏えいと同様に、管理上のミスや不正な情報の持ち出しなどのケースがあげられる。

3 情報漏えいの事例と対策

前述した三者の発生原因に関する事例を用いて、情報漏えいの原因および具体的な対策例を紹介する。

■内部者による情報漏えい事例（データの不正な持ち出し）

【経　緯】

A社では、元従業員が退職直前に私物のハードディスクを社内へ持ち込み、A社の機密情報である製品の設計図面を社外へ持ち出したことで、情報の不正取得および第三者への提供、および不正競争防止法の疑いにより逮捕された。

同社では、製品の設計図面は機密情報として取り扱っており、これらの情報は設計担当部門で管理されていた。元従業員は設計担当部門に所属していなかったものの、設計図面が保存されているサーバにアクセスすることが可能であることを知り、それらのデータを不正に持ち出した。

同社のシステム管理部門では、元従業員による大量のデータコピーを検知していたが、詳細な調査を行わなかったため、元従業員はその後も引き続きデータをコピーしていた。

【原　因】

不正に持ち出されたデータは、業務上必要のない社員でもアクセスが可能な状況となっていた。同社では、私物の記録媒体を社内へ持ち込むことを禁止していたが、社員へ貸与するパソコンに対し、USB等の記録媒体に対するデータのコピーを制限していなかった。

また、同社のシステム管理部門では、機密情報が大量にコピーされていることを検知したものの、詳細な調査を行わなかったため、結果的に事件の発覚が遅れた。

【対　策】

社内にある機密情報に対しては、業務上必要のない者がアクセスできないよう、アクセス制限を行うことが重要である。

私物の記録媒体の持ち込みを禁止するとともに、違反者にはペナルティを与えるなどの厳しい態度で臨み、社内の情報セキュリティ意識を向上させる必要がある。

その上で、私物の記録媒体を持ち込んでも、パソコン上の物理的な接続や記憶媒体の認識ができないように制限するなどの対策や、記録媒体にデータをコピーしても電子データを暗号化することで社外のパソコン等での閲覧を困難にするなどの対策もある。

また、重要な機密情報については、アクセス履歴を定期的にモニタリングするなどして、情報漏えいの兆候を把握し、兆候を認めた場合、速やかに調査および関係部門への報告を行うといった対応が必要となる。

図表Ⅳ-2-16　内部からの情報漏えい対策

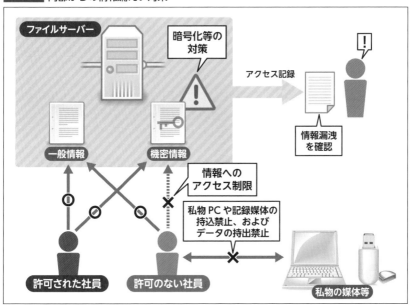

出所）有限責任監査法人トーマツ作成

■外部者による情報漏えい事例(不正アクセス)
【経　緯】
　B社では、公開しているウェブサーバに対して外部からのSQLインジェクション(ウェブ上で管理されるデータベースの不正操作を目的とした攻撃手法)による不正アクセスを受け、同社が管理する全顧客のクレジットカード情報が漏えいした。
　当初、同社では攻撃を認識しておらず、同社が契約する決済代行業者よりクレジットカード情報の流出懸念について連絡を受けて調査した結果、外部からの不正アクセスによりクレジットカード情報が漏えいしていることを確認するに至った。
　同社は事実関係を詳細に調査したのち、クレジットカード情報が漏えいしたことを公表したものの、公表までに時間を要したため、クレジットカード情報の不正利用による被害が拡大した。

【原　因】
　同社では、公開しているウェブサイトにおいてSQLインジェクションへの適切な対策をとっておらず、ウェブサイト上の脆弱性を狙った外部からの攻撃を検知・防御することができなかった。
　また、クレジットカード情報が流出した際の対処方法について事前の検討がなされていなかったため、情報漏えいの事実を確認してからの対応が遅れ、被害を拡大させてしまった。

【対　策】
　SQLインジェクション対策では、ウェブサイトにおけるプログラム上の考慮不足や欠陥を生まないようにプログラムを作成することが要求される。
　また、ウェブサイトへの攻撃の兆候を把握し、被害を最小限に抑えるためにも、ウェブサイトへのアクセスを監視することが必要になる。
　情報漏えいを認識した場合は速やかに対策本部を設置して初動体制をとり、情報漏えいによる被害の拡大、二次被害の防止のために必要な応急処

置を行う。特に、個人情報が漏えいした場合には、詐欺や迷惑行為などの二次被害を防ぐため、速やかに本人にその事実を知らせる必要がある。本人に通知し意向を確認した上で、一般に公表が必要と判断される場合は、ホームページでの掲載、記者発表などを行う。

図表Ⅳ-2-17 外部からの攻撃による情報漏えい対策

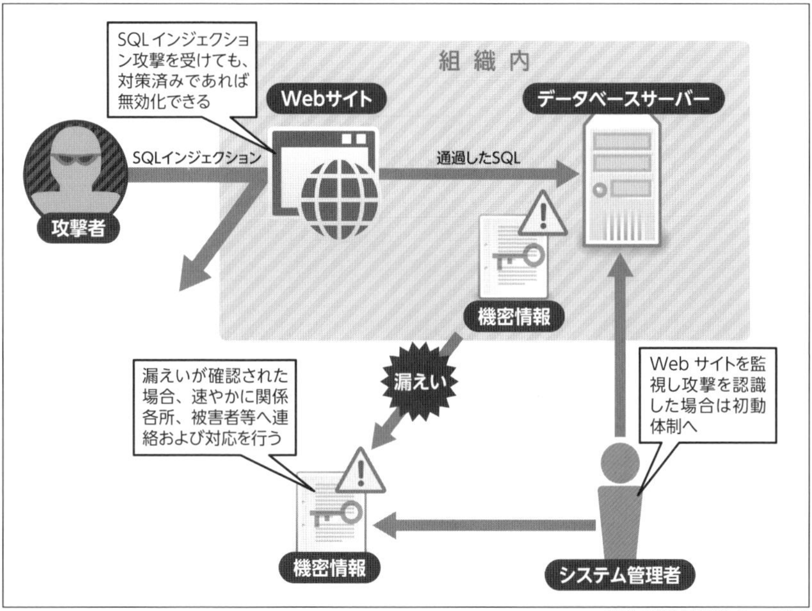

出所）有限責任監査法人トーマツ作成

■業務委託者からの情報漏えい事例（個人情報の不正な持ち出し）
【経　緯】
　C社では、専用サイトからプレゼントに応募するキャンペーンに申し込まれた氏名、性別、電子メールアドレス、住所などの個人情報およそ10万件が、数か月にわたってインターネットで検索可能な状況であることが判明した。
　当該キャンペーンに関する業務は外部に委託しており、C社はこの事実を確認後、業務委託先へ連絡し、これらの情報を削除した。

当該キャンペーンは終了から数年が経過しており、これら個人情報はキャンペーンが終了してから一定期間の後に廃棄処分されるべきものであったが、業務委託先の担当者が同データを不正に保有し、インターネットに接続されたサーバへ当該データを移していたため、検索可能な状態となっていた。

【原　因】

　Ｃ社は、業務委託先の選定の際に、委託先における情報管理体制など安全管理措置が十分に講じられているかを確認していなかった。

　業務委託先では個人情報の管理体制が十分に構築されておらず、担当者がデータを不正に持ち出すことができる余地が存在していたのである。

【対　策】

　重要な業務を外部へ委託する際には、委託先での安全管理措置が自社の求める水準を満たすものかを業務委託先の選定時に確認しなければならない。

　また、業務委託先に対して、情報の取り扱いが適切に行われているかを含め、業務委託先に業務状況についての定期的な報告を求めるなどのモニタリングを行う必要がある。そして、情報管理の状況が十分でない場合、改善を求めていくことになる。

図表Ⅳ-2-18　業務委託における確認事項の例

委託先の選定	**委託先における安全管理措置の確認** ▶委託先において個人情報保護に係るルールは存在するか ▶委託先において個人情報保護の責任者は明確になっているか ▶委託先において業務を再委託する場合のルールは存在するか 　　　　　　　　　　　　　　　　　　　　　　　　　　など
委託先との契約	**契約書の記載事項を確認** ▶委託元と委託先の双方の責任分担は明確か ▶委託先に対して管理監督する権限を保持しているか ▶個人情報取扱方法（禁止事項、廃棄ルールなど）を明確にしているか ▶業務の再委託についてルールを明確にしているか 　　　　　　　　　　　　　　　　　　　　　　　　　　など
委託業務の モニタリング	**委託業務の遂行状況を確認** ▶委託先に対する情報セキュリティ監査の実施 ▶委託元に対する個人情報取扱状況の定期的な報告 ▶委託先が行う再委託先に対するモニタリング結果の報告 　　　　　　　　　　　　　　　　　　　　　　　　　　など

出所）有限責任監査法人トーマツ作成

４　情報漏えい対策の考え方

　これまで、組織は十分な情報セキュリティ対策を行うことで情報漏えいを未然に防ぐことに努めてきた。しかしながら、情報漏えいリスクが高度化・複雑化する中で、その対応が組織にとって大きな負担となり、すべての情報漏えいリスクへ対応することが困難な状況となっている。

　そこで、情報漏えいリスク対策にメリハリをつけるためにも、組織の中にどのような個人情報や機密情報があるかを洗い出し、保護すべき個人情報や機密情報の所在、その内容を正しく把握することが必要となる。

　洗い出した個人情報や機密情報については、漏えいするシナリオや発生頻度、また漏えいした際の影響度を評価した上で、具体的な対応策を決定することになる。

　また、リスク対応策を有効に機能させるためには、従業員に対する情報セキュリティ教育を実施し、情報セキュリティ意識を向上させていくことも必要である。

　これらの対策を組織内のリソースで行うことが困難な場合には、外部の

専門家を活用することも一案である。

5 今後の課題

　社会環境の変化や組織を取り巻く環境の変化により、情報漏えいリスクへの対応も変化が求められている。

　情報漏えいリスクへの対策は1度策定したら終わり、といった性質のものではない。いざという時にパニックに陥らないためにも、PDCAサイクルを構築するなどの継続的な取り組みが不可欠である。

　このように構築したPDCAサイクルを成熟させていくためには、定期的に外部の専門家や内部監査部門などの第三者による評価を受け、組織内部からはみえにくい課題を識別して、改善を図っていくことも有効である。

　なお、新たな情報漏えいリスクに対応する場合には、初めから完璧な対策を求めてはならない。できるところから着手し、継続的に取り組むことが、情報漏えい対策強化の現実的な進め方として考えられる。

経済法1 FCPA（米国海外腐敗行為防止法）

⊙Point⊙
グローバルに展開する企業のFCPAは対策急務。コンプライアンス・プログラム構築で「十分な対応」を図る

1 制度概要

■贈収賄をめぐる動き

新たな市場を求める企業が国境を越えてビジネスを行う際には、国際商取引の効率性を確保する目的から、慣行ではなく、ルールに基づく公正な競争が求められる。これは、理念的には普遍的な考え方ではあるが、現実のビジネスには様々な不正取引が存在している。

米国第37代大統領リチャード・ニクソンを辞任に追い込んだ1970年代のウォーターゲート事件を契機に、米国証券取引委員会（United States Securities and Exchange Commission：以下「SEC」）は公務員への不正行為の調査を進め、1976年までに450社以上の米国企業が外国公務員等への贈賄行為に関与していたとしている。

また、1976年には米国上院の多国籍企業小委員会（チャーチ委員会）での公聴会においてロッキード社による旅客機の受注をめぐる世界的な規模の汚職事件が発覚しており、元内閣総理大臣が受託収賄等違反で逮捕された。しかし、当時、国内の公務員等への贈賄行為を禁止する連邦法はあったものの、外国公務員等への贈賄行為を禁止する法律は存在しなかった。

このような状況を回避するため、米国では、1977年に海外腐敗行為防止法（The Foreign Corrupt Practices Act：以下「FCPA」）が成立した。さらに米国は、先進国に対しても同様の規制を導入させることを目指し、継続的かつ強い働きかけを行った。その結果、1997年には、経済協力開発機構（Organization for Economic Co-operation and Development：以下「OECD」）加盟国のうち豪州を除く28か国と、非加盟国5か国を合わせた33か国が、「国際商取引における外国公務員に対する贈賄の防止に関する

条約」(以下「OECD外国公務員贈賄防止条約」)に署名し、1999年に発効した。この条約に署名した国は、速やかにそれぞれの国としての関連法案を整備することが義務付けられた。現在では、OECD外国公務員贈賄防止条約を締結している国は40か国あり、これらの国では贈賄等に対して同様の規制をしている。

また、OECD外国公務員贈賄防止条約とは別に、国連においても腐敗行為防止に関する包括的な検討が行われ、国連総会の下に特別委員会が設置され、2003年の国連総会において「腐敗の防止に関する国際連合条約」(以下「国連腐敗防止条約」)が採択され、2005年に発効した。これには2013年8月現在、G8諸国を含む140か国が署名しており、166か国がこれを批准している(国際連合「国連の活動に関する事務総長報告書(A/68/1)」(2013年8月))。

近年、外国公務員等(外国(外国の地方公共団体も含む)の立法、行政、司法の職にある者、外国の公的機関の職員、公的な企業の職員等外国のために公的な任務を遂行する者、公的国際機関の職員・事務受託者など)への贈賄等の汚職行為については、国際機関や各国政府も積極的かつ厳格な対応をとるとともに、特にOECD外国公務員贈賄防止条約の署名国では執行数の増加が顕著であり、各国当局は捜査や情報共有などで連携を強めている。

この背景には、海外市場の開拓のために特定国の企業が賄賂によって商取引を有利に進められる環境自体が「貿易障害」であり、国際ビジネスでの公正な商習慣を浸透させるためには、汚職への規制が不可欠であるとの倫理観がある。

日本では、公正取引委員会による外国公務員贈賄罪（不正競争防止法第18条）の適用件数はまだ少ないが、2013年9月にわが国の自動車マフラー最大手の元専務が中国での贈賄行為の疑いで逮捕され、同年10月に略式起訴され、罰金50万円の略式命令が下された（ベーカー＆マッケンジー法律事務所 ニュースレター、2013年12月号）。同ニュースレターによれば、これは、わが国の外国公務員贈賄罪が中国の公務員への贈賄に適用された初めてのケースだが、中国でも中華人民共和国刑法に「海外贈賄条項」が規定され、2011年5月に施行されており、中国の現地贈賄規制にも留意が必要である。

英国でも、2011年に贈収賄防止法（An Act to Make Provision about Offences Relating to Bribery; and for Connected Purposes：以下「The Bribery Act 2010」）が施行されている。これは遡及的効力を有しないため、2011年7月まで同法による企業への制裁はないが、複数の企業が当局調査の対象となっている旨が報道されていること、2014年2月より訴追延期合意（Deferred Prosecution Agreement。検察官と被疑者との間で締結される合意のことで、被疑者が起訴されても、被疑者が特定の条件を遵守する限り、検察官は手続きの進行を止め、一定期間後に公訴棄却になる）（以下「DPA」）を利用できることから、同法による摘発は現実味を帯びていると考えられている。このほか、ブラジルも企業腐敗防止法（Brazilian Clean Companies Act）を2014年1月に施行しており、カナダも外国公務員等汚職禁止法（Corruption of Foreign Public Officials Act）を2013年に改正し、法の適用範囲を拡大している。

■外国公務員等に対する贈収賄の制度の概要

図表Ⅳ-2-19 日本、アメリカ、イギリスの外国公務員等に対する贈収賄の規制

 日 本 不正競争防止法(第18条)	 米 国 FCPA	 英 国 Bribery Act 2010
○制定時期 ▶ 1998年不正競争防止法を改正(1999年2月施行) ▶ 外国公務員等に対する不正の利益の供与等の罪に関する条文を追加 ○特記事項 ▶ 制裁の事例は、2015年7月末時点で5件のみ ○ガイダンス ▶ 外国公務員贈賄防止指針(経済産業省、2004年発行(2007年、2010年、2017年改訂))	○制定時期 ▶ 1977年成立、制定(1988年、1998年に改訂) ○特記事項 ▶ OECD条約加盟国のなかで、制裁の事例が非常に多い ▶ 適用範囲が非常に広く、制裁内容が厳しい ○ガイダンス ▶ FCPA Resource Guide(米国司法省(DOJ)、米国証券取引委員会(SEC)、2012年11月発行)	○制定時期 ▶ 2010年成立(2011年7月施行) ○特記事項 ▶ 収賄も制裁の対象 ▶ 民間人対象の贈賄も対象 ▶ 英国内で事業を行う法人に対して贈賄防止懈怠罪が科される(本拠地や不正行為が行われた場所を問わない) ○ガイダンス ▶ The Bribery Act 2010 Guidance(英国法務省、2011年3月発行)

出所) 有限責任監査法人トーマツ作成

　外国公務員等に対する贈賄規制は、OECD外国公務員贈賄防止条約や国連腐敗防止条約に基づき、各国において自国法の制改定を行っている。わが国の不正競争防止法、米国のFCPA、英国のThe Bribery Act 2010は、いずれも同一の考え方に基づくものである。

　ただし、それぞれに留意すべきポイントがある。まず、不正競争防止法は2015年7月末現在、制裁の事例は5件にとどまっており、罰金等の額も相対的に少額だが、制裁を受けた場合には、わが国のマスコミ報道等により大きく取り扱われることに留意が必要である。これによる制裁企業のレピュテーションへの影響や、前述のとおり贈賄行為を行った現地国での贈賄規制への抵触による影響にも留意する必要がある。

　英国のThe Bribery Act 2010では、民間人を対象とする贈賄に加えて、収賄も規制の対象とされており、規制の対象行為の広さに留意が必要である。さらに、2014年5月末現在までの摘発事例は報告されていないが、

DPAの導入の影響については十分に注意を払っておく必要がある。

従来から贈収賄の取り締まりに最も積極的な米国では、FCPAによる摘発件数は増加傾向にある。すでに米国FCPAにより摘発された日本企業も複数存在する。下記の図表のとおり、多額の制裁金による財務的な影響という側面だけでも無視できないものだが、関与した役員や従業員個人が刑事訴追を受け、米国で収監される可能性もある。このような背景から、わが国の企業、特に海外進出を促進している企業では、対象行為の広いThe Bribery Act 2010等にも留意する必要はあるが、まずはFCPAへの対応方針やコンプライアンス・プログラムの見直しとともに、アクションプランへの落とし込みを早急に再検討する必要があるだろう。

図表Ⅳ-2-20　FCPAによる制裁金上位10社

	企業名	企業本拠地	決定年月	罰金額 合計
1	Siemens Aktiengesellschaft (Siemens AG)／その他子会社3社	ドイツ	2008年12月	8億ドル
2	Alstom S. A. (Alstom)／その他子会社	フランス	2014年12月	7億7,229万ドル
3	Telia Company AB	スウェーデン	2017年9月	7億3,177万ドル
4	Kellogg Brown & Root LLC (KBR)／Halliburton Company	米国	2009年2月	5億7,900万ドル
5	Teva Pharmaceutical Industries Ltd./Teva LLC (Teva Russia),	イスラエル	2016年12月	5億1,917万ドル
6	Keppel Offshore & Marine Ltd.	シンガポール	2017年12月	4億2,221万ドル
7	Odebrecht S. A./Braskem S. A.	ブラジル	2016年12月	4億1,980万ドル
8	Och-Ziff Capital Management Group LLC/OZ Africa Management GP LLC	米国	2016年9月	4億1,205万ドル
9	BAE Systems plc (BAES)	英国	2010年3月	4億ドル
10	Total, S. A	フランス	2013年5月	3億9,820万ドル

出所）DOJ・SECのプレスリリース等公表資料を基に有限責任監査法人トーマツ作成
https://www.justice.gov/criminal-fraud/case/related-enforcement-actions/2018

上記の制裁金以外にも、調査協力のためのコストや、米国司法省（United States Department of Justice：以下「DOJ」）・SECによるコンプライアンス体制改善状況のモニタリングや、従来のサプライチェーンから排除されることによるブランドの毀損等の損失を考慮しなければならない。

FCPAは企業や個人による外国（国を問わず）の公務員に対する汚職行為を禁止する米国の連邦法である。これまでのFCPAによる訴追は、米国で上場する企業や外国で事業を行う米国企業に対するものであった。しかし、日本企業を含む多くの外国企業も対象となる可能性があり、現実にそのような動きもみられている。また、米国当局もFCPAをより広範に運用する方針を打ち出している。

なお、わが国ではFCPAを「理に適わない脅威」と捉える考え方も根強いようだが、本質的な脅威とは、このような規制そのものというより、むしろ公正な国際商取引の浸透のために求められるルールと、その背景から目を背けるリーガルマインドの欠如にあるのかもしれない。

以下においては、摘発件数が突出しており、企業グループにとって現実的なリスクとして優先的に対応すべきと考えられるFCPAに焦点を当てて説明する。

FCPAは大きく、外国公務員等に対する贈賄を禁止する「贈賄禁止条項（Anti-Bribery Provision）」と、証券取引法に基づく会計の透明性を要求する「会計・内部統制条項（Books and Records Keeping, Internal Control Provision）」の2つから構成される。

図表Ⅳ-2-21　FCPAの贈賄禁止条項と会計処理条項

	A. 贈賂禁止条項 (Anti-Bribery Provision)	B. 会計・内部統制条項 (Books and Records Keeping, Internal Control Provision)
目的	外国公務員等に対して賄賂を供与することを禁止・処罰	適正な帳簿作成、記録、そのための内部統制の構築・維持義務

適用範囲	① 発行体（Issuer） ② 自国の市民、居住者、法人等（Domestic Concern） ③ 米国内で行為の一部を行ったもの	① 発行体（Issuer）のみ
刑事罰	法人：違反行為1件につき200万ドル以下の罰金 個人：違反行為1件につき25万ドル以下の罰金および／または5年以内の禁固刑	法人：2,500万ドル以下の罰金 個人：20年以下の禁固刑および／または500万ドル以下の罰金
民事制裁金	法人・個人： 違反行為1件につき1万ドル以下の民事制裁金	法人：50万ドル以下または利得額相当の民事制裁金 個人：10万ドル以下または利得額相当の民事制裁金

（注）刑事罰は個人・法人ともに違反行為の利得がある場合、罰金限度額はその利得額の2倍まで加重可能である。

出所）DOJホームページを基に有限責任監査法人トーマツ作成

■ FCPAに関する誤解

　拠点は日本国内のみにあり、外国公務員等に対する贈賄はあり得ないという理由から、FCPAによって自社が摘発されることはない、と考える経営者は多いだろう。

　しかし、例えば、海外から商品を仕入れる場合に、その仕入先が外国公務員等に対して贈賄しているようなケースでは、自らがそれに関与していないことを立証できない限り、FCPAで摘発される可能性があると考えられる。このため、諸外国のグローバル企業では、重要なサプライチェーンを構成する企業に対して、汚職防止体制の運用についてのデュー・デリジェンスを実施するケースが増えている。FCPAは属地主義（自国の領域内で行われた犯罪に対しては、犯人の国籍如何を問わず、自国の刑事法規を適用する考え方）を拡大解釈しており、域外適用を可能とする世界主義的な法律となっている。

　また、自社および自社グループでは外国公務員等への贈賄を行っていなくても、自社または自社グループが取引している代理店・コンサルタント等が外国公務員等に対して贈賄しているケースでは、共謀・幇助とみなされ、DOJから訴追される可能性もある。FCPAは、米国で事業をしているか否かにかかわらず適用される可能性があることには、改めて留意が必

要である。

2 FCPAに関する論点

■ コンプライアンス・プログラムの整備・運用

　外国公務員等に対する贈収賄を防止するためには、コンプライアンス・プログラムの整備・運用が欠かせない。コンプライアンス・プログラムの整備・運用にあたっては、万が一外国公務員等への贈収賄が発覚した際に、当局からみて十分な対応ができているという印象を与えるものであることが重要である。

　この点、「FCPA – A Resource Guide to the U.S. Foreign Corrupt Practices Act」（以下「FCPAリソースガイド」）は、DOJおよびSECの共同作業により2012年11月14日に発行されている。このFCPAリソースガイドでは、「効果的なコンプライアンス・プログラムの特徴」を記載しており、この視点で現状プログラムを評価することが効果的であると考えられる。

図表Ⅳ-2-22 FCPAリソースガイドの「効果的なコンプライアンス・プログラムの特徴」

1	経営陣のコミットメントおよび汚職防止の明確なポリシー	○ 経営幹部のコミットメントは中間管理層や現場レベルまで浸透させ、経営陣が率先して反汚職ポリシーを伝達・遵守・徹底する必要がある
2	行動規範、コンプライアンスポリシーおよび手続	○ 明確かつ簡潔で全従業員・代理人がアクセス可能になっている必要がある ○ 行動規範等は定期的に見直し、更新しなければならない
3	監督、独立性および人的資源	○ プログラムの監督および実施に責任を負う者を指名する ○ 適切な権限と独立性、および充分なリソースを投入する
4	リスク評価	○ DOJおよびSECはどの程度自社固有のリスクを検討し対応したかを考慮する ○ リスクの高い取引に注力した結果、リスクの低い領域の違反を防止できなかったとしても、DOJおよびSECは相応の考慮（meaningful credit）を与える
5	研修および継続的コミュニケーション	○ 研修および宣誓書提出要請を通じ、ポリシーや手続を組織に浸透させる ○ プログラム遵守のためのガイダンスおよび助言を提供する手段を講じる

6	インセンティブおよび懲戒手続	○適切で明確な懲戒手続を、全役職員に対し確実・迅速・衡平に適用する ○コンプライアンス・プログラムの遵守に対しポジティブなインセンティブを与える
7	第三者に対するデュー・デリジェンスおよび支払い	○デュー・デリジェンスのレベルを判断する際の留意点として、第三者の適格性および背後関係の理解、第三者を利用する根拠の理解、継続的モニタリングが挙げられる ○第三者に対して自社のコンプライアンス・プログラムを伝達し、第三者から宣誓書を入手しているかも考慮の対象となる
8	通報制度および内部調査	○違反行為を報復のおそれなく内密に通報できる制度、および調査・記録のための確立した手続きと充分な資金が必要である
9	継続的な改善：定期的なテストおよびレビュー	○従業員へのアンケート調査や特定領域の監査等により、定期的にコンプライアンス・プログラムをレビューし、改善を行っているかが評価される
10	M&A：買収前デュー・デリジェンスおよび買収後の統合	○買収前のFCPAデュー・デリジェンスはコンプライアンスに対するコミットメントの証左となる ○買収前にFCPAデュー・デリジェンスができない場合も買収後に実施すれば評価の対象となる

出所）「FCPA – A Resource Guide to the U.S. Foreign Corrupt Practices Act」を基に有限責任監査法人トーマツ作成

　また、英国のThe Bribery Act 2010においても、以下のような贈賄行為を防止するための十分な手続きをとっていたことを立証することで訴追を回避することができる「十分な手続きの抗弁（the "Adequate Procedure" Defence）」（"Adequate Procedure"は「適切な手続き」と訳される）を規定しており、贈収賄防止にあたっての管理体制のポイントを記載している。

- ◎経営者により贈収賄防止のコミットメントを発信し、それを行動規範、責任者の明確化、研修・トレーニング等により全社に浸透させる（ガバナンス）
- ◎リスク評価（リスクアセスメント）を定期的に行い、現状の管理体制が贈収賄リスクを軽減するに足る管理体制になっているかを確認する（継続的評価）
- ◎贈収賄リスクが高い社外の第三者（エージェント、ディーラー、ディストリビューター等のビジネスパートナー）に対するデュー・デリジェンスやM&A実施時のデュー・デリジェンスを実施する（予防）

◎ 内部監査制度や内部通報制度により、ガバナンス・予防によっても生じてしまう贈収賄を発見できるようにする（発見）
◎ 違反行為が発覚した場合の対処方法を明確にする（対処）

　FCPAリソースガイドの「効果的なコンプライアンス・プログラムの特徴」とThe Bribery Act 2010の「Adequate Procedure」は、基本的に同様の管理体制を求めている。

図表Ⅳ-2-23 FCPAリソースガイドとAdequate Procedureの比較

	FCPAリソースガイド	Adequate Procedure
ガバナンス	○経営陣のコミットメントおよび汚職防止の明確なポリシー ○行動規範、コンプライアンスポリシーおよび手続 ○監督、独立性および人的資源 ○研修および継続的コミュニケーション ○インセンティブおよび懲戒手続	○経営者による贈収賄防止のコミットメントの発信 ○行動規範、責任者の明確化 ○研修・トレーニング等による全社に浸透
継続的評価	○リスク評価 ○継続的な改善：定期的なテストおよびレビュー	○定期的なリスク評価（リスクアセスメント）
予防	○第三者に対するデュー・デリジェンスおよび支払い ○M&A：買収前デュー・デリジェンスおよび買収後の統合	○社外の第三者（エージェント、ディーラー、ディストリビューター等のビジネスパートナー）に対するデュー・デリジェンス ○M&A実施時のデュー・デリジェンス
発見	○通報制度および内部調査 ○継続的な改善：定期的なテストおよびレビュー	○内部監査制度 ○内部通報制度
対処	○通報制度および内部調査	○違反行為が発覚した場合の対処方法の明確化

出所）有限責任監査法人トーマツ作成

■大手金融機関の事例

　大手金融機関の中国不動産投資ファンド・グループのマネージング・ディレクターは、2004年から2007年の間に約180万米ドルの賄賂を中国で支払ったとされた。マネージング・ディレクターは、自らが管理するファン

ドが上海の価値の高い土地を取得するため、身元不明のカナダ人弁護士を装い、中国の当局者に金銭を渡して同国でのビジネスの手助けをさせていたという。マネージング・ディレクターは、その支払いを偽装するため、当該金融機関のファンドによる開発手数料として会計処理をしていた。

この案件について、マネージング・ディレクターは、DOJおよびSECの両当局から起訴され、自己の利益を得るため米国FCPAに定める内部管理規則を回避し贈賄を行ったとして、340万米ドルの利益の放棄と、25万米ドルの罰金の支払い、および証券業界からの永久追放を受け入れることでSECと和解した。

一方、DOJとSECはいずれも、以下の点を主な根拠として、当該金融機関自体には責任を追及しないことを決定している。

- ◎ 違法行為を察知後、政府に対して積極的に情報を提供したこと
- ◎ マネージング・ディレクターを解雇し、政府の調査に積極的に協力したこと
- ◎ 9か月に及ぶ詳細な社内調査を実施したこと
- ◎ 効果的なコンプライアンス体制が構築・運用されていたと認められたことこと
- ◎ 当該マネージング・ディレクターに対しても継続的に効果的なコンプライアンス教育等を実施(マネージング・ディレクターは過去7回の不正に関する研修を受講)していたこと
- ◎ アジア地域スタッフにも過去54回の研修を義務付けていたこと
- ◎ 取締役会に直接の報告機能を有する大規模なコンプライアンスグループが設置され、地域別コンプライアンス部門も整備されていたこと
- ◎ 特定個人および事業ユニットへの定期的な内部監査が実施されていたこと
- ◎ 24時間365日対応可能な内部通報のホットラインが各主要言語で設置されていたこと
- ◎ 従業員から書面による宣誓書が提出されていたこと
- ◎ 当該中国政府関係者および国有企業について、取引開始前にデュー・

デリジェンスを実施していたこと
◎ 不動産投資に伴う支払いについて承認プロセスを義務付けていたこと

　この事例は、執行当局が企業のコンプライアンス・プログラムにおいて何が重要であるかを示唆する重要な指針を提供しているものであり、コンプライアンス・プログラムの運用においては十分に斟酌すべきものと考えられる。

３ FCPAへの対応—贈収賄リスクの評価

■日本企業が抱える悩み

　グローバルに事業を展開する多くの日本企業では、すでにコンプライアンス・プログラムが導入されていることと思われる。しかし、自社やグループ各社のコンプライアンス・プログラムが上記の大手金融機関のように十分なコンプライアンス・プログラムとして整備され、かつ運用されていると客観的に認められるものか、また、それが内外の環境変化に対応できているか、などについては自信を持てない経営者も多いかもしれない。

　また、グループとして、行動指針の公表、規程・マニュアル類の整備、研修等は実施しているものの、現実の汚職防止は各従業員のモラルある行動に任せるという対応に委ねられており、贈収賄防止のための社内体制がしっかり整備・運用されているか、実際の現場はどのような状況になっているかについて現状を把握しきれない経営者も多いと考えられる。

　このように、コンプライアンス・プログラムの十分性に確信が持てず、現状把握が十分にできていないことから、グループ全体の贈収賄リスク評価ができず、どこから優先的に改善していいのかわからずに、結果としてコンプライアンス・プログラムに手がつけられていない日本企業も散見される。

■アンケートの活用による現状把握

　FCPAリソースガイドでも、リスクアプローチが推奨され、個別企業が

その規模や事業特有のリスクに応じたコンプライスプログラムを確立しなければならないと強調している。自社および自社グループの贈収賄防止のための管理体制や取引状況を把握（リスク評価）することは、FCPA対応にあたっては欠かせないプロセスである。

リスク評価のための情報収集の方法として、管理職へのヒアリング、規程等の文書確認、アンケート調査等がある。この中では、回答者の誠実性や回答の正確性に依存するという制約はあるものの、グローバルでの情報を相対的に簡易に、かつ網羅的に収集できるのがアンケート調査の特徴である。

アンケート調査は、グループ各社に対しアンケート形式により、外国公務員等への贈賄の可能性（取引状況の影響度）の程度と、贈収賄防止のための管理体制の整備・運用・浸透状況（管理体制の脆弱性）を確認することが基本となる。これにより、グループ全体の贈賄リスクの可能性を把握することで、グループ内のリスク分布を「見える化」することが可能となってくる。

■ **アンケート調査のポイント**

アンケート調査により贈収賄リスクを評価するためには、取引状況と各取引に係る贈賄行為に関する管理体制を確認する。

以下に、それぞれについてのポイントを記載していく。

① **取引状況の確認**

業種やサプライチェーンのどこを担当しているか等によっても異なるが、主に以下のポイントを可能な限り定量化することを意識して確認する。

- ◎ 政府・国際機関・政党等・政府系企業等（以下、政府等）とのビジネス関係（売上、仕入、許認可、入札、その他）
- ◎ 第三者（販売代理店・コンサルタント・エージェント等）を利用した政府等との取引の有無
- ◎ 政府等に対する接待・進物、視察旅行、金銭の支払い等の有無

◎ 政府等と関係のある従業員の有無
◎ M&Aやジョイントベンチャーの有無
◎ その他

② **管理体制の確認**

贈収賄に関する管理体制は、FCPAリソースガイドの「効果的なコンプライアンス・プログラムの特徴」の記載を参考にすることも有益であると考えられる。

これらの管理体制が自社グループで整備・運用・浸透されているかを確認する。

■**アンケート調査の結果による贈収賄リスク評価**

アンケート調査の結果に基づいて、グループ各社の影響度（取引状況）および脆弱性（管理体制）を評点化方式等によりランク付けする。これに汚職の腐敗度の高い国や外国公務員等と接点のある商流や事業等の外部要因も加味して、贈収賄リスクを評価する。

図表IV-2-24 **2017年度アジアの主要国の腐敗認識指数（CPI）**

順　位	国／地域	腐敗認識指数
6	シンガポール	84
13	香港	77
20	日本	73
29	台湾	63
51	韓国	54
62	マレーシア	47
77	中国	41
81	インド	40
96	インドネシア	37

96	タイ	37
107	ベトナム	35
111	フィリピン	34
130	ミャンマー	30

(注) 2017年度は全180国を対象としている。
出所) トランスペアレンシー・インターナショナル社「CORRUPTION PERCEPTIONS INDEX 2017」

　アンケート調査では、回答者の理解度や信頼性によって贈収賄リスク評価の結果が変わる可能性がある点に注意が必要である。より厳密な贈収賄リスクの評価のためには、現地往査による管理職へのヒアリング、規程等の文書確認は不可欠であると考えられる。

④ FCPAへの対応—コンプライアンス・プログラムの構築

■コンプライアンス・プログラムの構築

　アンケート調査や現地調査等による贈収賄リスクの評価の結果、優先的にコンプライアンス・プログラムの運用体制と浸透の促進が必要と判断したセグメントや会社について、目指すべきコンプライアンス・プログラムとのGAP分析を行う。

　以下では、目指すべきコンプライアンス・プログラムとして、FCPAリソースガイドの「効果的なコンプライアンス・プログラムの特徴」における管理体制構築の主なポイントを記載する。

① 経営陣のコミットメントおよび汚職防止の明確なポリシー

　贈収賄を防止するためには、経営者自らが贈収賄違反を許容することなく、贈収賄防止を推進することが重要となる。すなわち、単にコミットメントやポリシーを発信するだけでなく、管理職や従業員まで浸透させるために、コミットメントやポリシーを様々な機会に、繰り返し伝えることが重要である。

　また、効果的なコンプライアンス・プログラムを構築するためには、社

内の様々な部門・部署の連携が必須である。そのような意味でも、経営者自らが贈収賄防止を推進することが求められる。

② 行動規範、コンプライアンスポリシーおよび手続き

行動規範やコンプライアンスポリシー等にあたっては、会社として許容できない贈収賄行為を具体的に定義し、明確かつ簡潔ですべての従業員が理解できる言語で作成することが重要である。グローバルに展開している企業の場合、日本語と英語は通常作成されているが、現地の従業員も理解できるよう現地の言語でも作成する必要がある。

また、行動規範やコンプライアンスポリシー等で重要なことは、贈収賄リスク環境の変化に応じて更新することである。贈収賄リスクは外部環境や内部環境の変化とともに刻々と変化する。贈収賄リスク環境の変化に合わせて適時に見直して、周知・徹底する必要がある。

③ 監督、独立性および人的資源

贈収賄リスクの責任者および責任部門を決定するにあたっては、責任者および責任部門が現業部門から独立しているか、贈収賄リスクの責任を担うに足る十分な知識があるか、管轄する範囲に照らして十分なリソースおよび時間が割かれているかを検討する必要がある。

贈収賄リスクや規模に関係なく、形式的にすべての会社に必ず1名の責任者を任命することは、コンプライアンス・プログラムの形骸化につながる可能性がある。

④ リスク評価

リスク評価は1度実施したら終了というものではなく、行動規範やコンプライアンスポリシーと同様に、贈収賄リスク環境の変化に合わせて適時にリスク評価を見直すことが重要となる。

また、親会社がリスク評価を行うだけでなく、子会社においても外部環境の変化や内部環境の変化を親会社に対して定期的に報告するなど、仕組

みの構築が欠かせない。

⑤ 研修および継続的コミュニケーション

研修は、上記①経営陣のコミットメントおよび汚職防止の明確なポリシー、②行動規範、コンプライアンスポリシーおよび手続き等について、従業員とコミュニケーションする方法の1つである。そのため、現地の従業員も理解できるよう現地の言語でも実施する必要がある。

また、研修対象者は、役職員だけでなく、必要に応じて代理店・コンサルタント等の第三者に対しても、研修を実施することが重要である。

さらに、研修には、目的や階層に応じて様々な方法（集合研修、eラーニング、ファシリテーションなど）があるが、研修受講者が研修内容を理解しているかを確認・測定することが重要である。具体的には、研修後にミニテストを実施する、研修内容を理解した旨を示す確認書（宣誓書）を入手する方法などが考えられる。

⑥ インセンティブおよび懲戒手続

昨今のコンプライアンス意識の高まりから、多くの企業では、コンプライアンス遵守を人事考課の重要項目としている場合、入社時や昇格時にコンプライアンス遵守の宣誓書を提出させる場合もある。

また、贈収賄を防止するためには、社内懲戒ルールによる違反行為への誘因の抑制が不可欠である。違反行為への関与が懲戒対象となることの明記・周知とともに、違反者の上長や違反行為を知りながら通報を怠った通報義務懈怠者も懲戒対象とすることで、懲戒ルールの実効性を担保することができる。また、社内で違反行為と懲戒内容を公表することも有用である。

⑦ 第三者に対するデュー・デリジェンスおよび支払い

第三者としてデュー・デリジェンスを実施する場面は、主に役職員の雇用、企業グループ外とのM&A、および新規取引先との取引である。これらの場面では、リスクに応じて贈収賄に着目したデュー・デリジェンスが

必要である。

　第三者管理にあたっては、契約、選定および報酬の支払い、デュー・デリジェンス、モニタリング・監督がポイントとなる。

図表Ⅳ-2-25 **第三者管理のポイント**

契　約	○書面で行う必要がある ○贈収賄防止規約および監査権を明記 ○法律またはコンプライアンス規約の遵守状況の評価・承認
第三者仲介業者の選定 および報酬の支払い	○契約締結にあたっては、競争入札の実施が望ましい ○報酬額が提供されたサービスに見合っているか ○報酬額の業界水準との比較検討
デュー・デリジェンス	○デュー・デリジェンスおよびバックグランドチェックの実施 ○リスクレーティング法を使用し、リスクレベルに対応するデュー・デリジェンスの実施
モニタリング・監督	○第三者取引の定期的な情報更新および評価の実施 ○不動産、関税、運送、輸送業務、政府との関係、プロフェッショナルサービス等の高リスク分野にフォーカスしたモニタリング等

出所）有限責任監査法人トーマツ作成

　なお、トーマツ（Deloitte）が2011年に実施したサーベイによると、外国公務員等への贈賄を防止のためのコンプライアンス・プログラムの構築にあたり、最も大きなリスクであり、かつ対応に困難を伴うのは、第三者管理であった。

⑧ 通報制度および内部調査

　通報制度は外国公務員等に対する贈収賄を含む不正を発見する上で重要な制度である。

　有効な通報制度を構築するにあたっては、通報制度を設けるだけでなく、利用されるものとすることが重要である。具体的には、秘匿性の確保、法律専門家等の社外窓口の設置、利用対象者の拡大（契約社員や取引先も含める）、多言語対応、24時間対応などが考えられる。

　違反行為に係る情報を関知した場合には、放置せずに適切に調査を実施することが重要である。また、調査の担当部門・責任者・担当者、調査手順、

経営者への連絡・指示体制等の調査方針を事前に文書で取りまとめ、共有しておくことも重要となる。上記の大手金融機関の事例で、9か月に及ぶ精巧な社内調査の実施が評価されている点からも、迅速な調査体制を構築できるように準備しておくことが有用と考えられる。

⑨ 継続的な改善：定期的なテストおよびレビュー

上記①〜⑧までのコンプライアンス・プログラムが適切に整備・浸透・運用されていることを担保するために、定期的にテストおよびレビューすることが重要である。テストおよびレビューの方法には、自己監査、内部監査、アンケート調査などがある。これらを組み合わせて、コンプライアンス・プログラムが適切に整備・運用されていることを確認し、必要に応じてコンプライアンス・プログラムを改善する。

⑩ M&A：買収前デュー・デリジェンスおよび買収後の統合

M&Aを実施する場合、買収前に適切なデュー・デリジェンスを実施しないと偶発債務を継承（Successor Liability）してしまう可能性がある。そのため、買収前にターゲット企業のエージェントやコンサルタントを含めたデュー・デリジェンスを行い、適切なコンプライアンス・プログラムがターゲット企業に構築されているかを確認することは重要である。

買収前にデュー・デリジェンスを行い、発見した違反行為をDOJとSECに自己申告、調査に協力、対象企業に適切なコンプライアンス・プログラムを導入したことで、処罰を免れた企業事例もある。

また、買収前デュー・デリジェンスが難しい場合、買収後にデュー・デリジェンスを適切に行えば（当局からの）見返りを受けられる（Rewarded）可能性もある。

5 今後の課題

社会の成熟化の程度や風土・文化により異なるが、特定の個人に行使し得る権益や既得権等が帰属する実態にある場合、賄賂により何らかの便宜

を期待する行為は、不公正であるという認識を持ちながらも、現実のビジネスの現場では行われてきた長い歴史がある。

　このため、贈収賄のような腐敗行為を撲滅することは難しいし、取引の最前線での日々の意思決定において適切な方向性を動機付ける企業文化なしに、コンプライアンス・プログラムを効果的に運用することは難しい。それでも、否、それゆえにこそ、現場の苦悩を肌で知る経営陣のコミットメントや汚職防止の明確なポリシーを浸透させることが重要なのである。現場の苦悩を肌で知り、明確にポリシーを打ち出すということは、経営陣が現場の苦悩を引き受けるということに等しい。

　その覚悟をもってグループの方針を明確にした上で、コーポレートは各グループ会社の現状を把握する必要がある。日本企業ではそれが十分とはいえない企業が少なくないが、現状を正確に把握し得なければ次の一手も打てない。まずは、アンケート等により、現状を事実として把握することから始めることが肝要であると考える。本当の課題は、実はそこからみえてくる。

経済法2 カルテル

> ⊙Point⊙
> グローバルに展開する企業にとっての現実的なリスクである、カルテル特有の対応を整理する

1 制度概要

■ カルテルをめぐる動き

　前述の贈収賄等の汚職行為と同様に、近年、当局が摘発を強化しているのが、カルテルである。贈収賄と同様に、カルテルに対する罰金額も増加しており、課される制裁金の金額が巨額になっている。贈収賄はアメリカの摘発件数が突出しているのに対して、下記の図表のように、カルテルは欧州、米国、日本とグローバルで摘発が行われている。

図表Ⅳ-2-26 欧州委員会、DOJ、公正取引委員会の制裁金上位

欧州委員会が課した制裁金世界企業上位5件（～2018年11月）

	企業名	制裁金
1	インテル（米）（支配的地位の濫用）（2009年）	10.6億ユーロ
2	マイクロソフト(米)(規制当局処分(2004年3月)の不遵守(2回目))(2009年)	9.0億ユーロ
3	Saint-Gobain（仏）（自動車ガラスカルテル）（2008年）	9.0億ユーロ
4	Philips（蘭）（ブラウン管カルテル）（2012年）	7.1億ユーロ
5	LG Electronics（韓）（ブラウン管カルテル）（2012年）	6.9億ユーロ

DOJが課した制裁金世界企業上位5件（～2018年11月）

	企業名	制裁金
1	AU Optronics（台）（液晶パネルカルテル）（2012年）	5.0億ドル
2	F. Hoffmann-La Roche（瑞）（ビタミンカルテル）（1999年）	5.0億ドル
3	矢崎総業（自動車部品カルテル）（2012年）	4.7億ドル
4	LG Display（韓）（液晶パネルカルテル）（2008年）	4.0億ドル
5	Air France-KLM（仏・蘭）（航空貨物カルテル）（2008年）	3.5億ドル

公正取引委員会が課した制裁金上位5件（～2018年11月）

	企業名	制裁金
1	地方公共団体のごみ処理施設建設工事に係る談合（2006年度）	270億円
2	船舶運航事業のカルテル（2014年）	227億円
3	光ファイバケーブル製品の受注調整（2010年度）	161億円
4	溶融亜鉛めっき鋼板及び鋼帯の価格カルテル（2009年度）	155億円
5	エアセパレートガスの価格カルテル（2011年度）	141億円

出所）欧州委員会、DOJ、公正取引委員会各ウェブサイトを基に有限責任監査法人トーマツ作成

1990年代以降、世界中で締結された競争当局の二国間協力協定によって、情報共有や捜査協力がなされるようになった結果、複数国の企業が関与する国際カルテルも、競争当局間の連携によって摘発の可能性が高まっている。また、カルテル規制の特徴として、リニエンシー制度があげられる。リニエンシー制度とは、事業者が自ら関与したカルテル・入札談合について、その違反内容を当局に自主的に報告した場合、制裁金が減免される制度である。違反を自ら認識した企業が、他者に先んじて制裁の減免を狙う企業にこの制度を利用して自らのカルテル行為を自主申告するというインセンティブを与えている。

図表Ⅳ-2-27 日本における課徴金減免制度の利用状況

年度	2011	2012	2013	2014	2015	2016	2017
申請件数	143	102	50	61	102	124	103

出所）公正取引委員会「独占禁止法における課徴金制度の概要」（2018年5月23日）

■ カルテルの規制の背景

カルテルとは、事業者または事業者団体の構成事業者が相互に連絡を取り合い、本来、各事業者が自主的に決めるべき商品の価格や販売・生産数量などを共同で取り決め、競争を制限する行為をいう。商品の価格をつり上げることで消費者等の利益を害すると同時に、非効率な事業者を温存することで経済を停滞させるため、世界各国で規制されている。

「紳士協定」「口約束」など、申し合わせがどのような形で行われたかにかかわらず、事業者間で何らかの合意があり、結果的にそれぞれが同一の行動をとれば、カルテルとして規制されることとなる。

■カルテルの規制の概要

カルテルは各国の競争法により規定されている。下記の図表で示すように、日本では独占禁止法2条6項、アメリカではシャーマン法1条、欧州ではEU機能条約101条においてカルテルの禁止が規定されている。

図表Ⅳ-2-28 日本、アメリカ、欧州の競争法の概要

項　目	日　本	米　国	欧　州
執行の法的性質	行政手続又は刑事手続	刑事手続	行政手続
定　義	「他の事業者と共同して対価を決定し、…又は数量…若しくは取引の相手方を制限する等相互にその事業活動を拘束し、又は遂行することにより、公共の利益に反して、一定の取引分野における競争を実質的に制限すること」(独占禁止法第2条第6項)	「州際又は国際間の取引を制限するすべての契約、トラストその他の形態による結合又は共謀」(シャーマン法第1条)	「加盟国間の取引に影響を与えるおそれがあり、かつ、域内市場の競争の機能を妨害、制限若しくは歪曲する目的を有し、又はかかる結果をもたらす事業者間の協定、事業者団体の決定及び共同行為」(EU機能条約第101条)
要　件	共同行為、相互拘束および競争の実質的制限	取引を制限する合意	合意または(合意に至らない段階の)協調行為
事実認定	共同行為は、事業活動の制限に係る意思の連絡、外形的な事実およびそれが独立の行動により行われたことを排除する事実によって認定される	合意については、抽象的な制限に係る合意の立証で足り、具体的な価格引上げ幅等は立証の対象とならない(当然違法の原則)	米国と同様、当然違法の原則が適用される 合意に至らない情報交換であっても違法となり得る
制　裁	(行政) 会社に対する課徴金 (刑事) 会社に対する罰金、個人に対する罰金及び懲役	会社に対する罰金 個人に対する罰金及び禁錮	会社に対する制裁金

リニエンシー	調査開始前の第一順位は100％免除、調査開始前の第二順位は50％減額、調査開始後または第三順位以下は30％減額（合計5社まで、調査開始後は3社まで）	第一順位のみ訴追免責、第二順位以下は捜査協力による罰金減免等の余地あり（ただし、第二順位以下でもアムネスティ・プラスの利用は可能）	第一順位は100％免除、第二順位は30～50％減額、第3順位は20～30％減額、第4順位以下は20％までの減額

出所）ベーカー＆マッケンジー法律事務所「日米欧におけるカルテル規制の概要」

競争法は、日本、欧米に限らず世界各国で規制されている。グローバルに事業展開する企業にとっては、事業継続に対して影響が大きく、軽視できない規制となっている。

2 カルテルに関する論点

■贈収賄とカルテルの違い

カルテルを防止するためには、外国公務員に対する贈収賄の防止と同様に、コンプライアンス・プログラムの整備・運用が欠かせない。

贈収賄もカルテルもコンプライアンス遵守という観点では同じだが、それぞれ管理すべき視点が異なる。カルテルの防止体制として求められる要素に着目して、コンプライアンス・プログラムを構築する必要がある。

■カルテルに関するコンプライアンス・プログラム

経済産業省は、2009年8月に「企業におけるカルテルに対するコンプライアンスに係る取組及び先駆的事例」を公表している。これは、具体的な体制整備に困難を感じている企業に対し、参考となり得る取り組みや事例を提示する目的で公表されたものである。

図表Ⅳ-2-29 カルテルに関するコンプライアンス・プログラムの要素

項　目	内　容
予　防	トップの意識改革および全社的な遵法意識の浸透
	コンプライアンス担当部署の整備
	研修
	コンプライアンス・ルールの整備
違反の発見	内部監査制度
	内部通報制度
	社内リニエンシー制度
発覚後の対応	有事の場合の体制整備
	迅速な社内調査体制の設置と判断

出所）経済産業省「企業におけるカルテルに対するコンプライアンスに係る取組及び先駆的事例」（2009年8月27日）を基に有限責任監査法人トーマツ作成

また、公正取引委員会では、独占禁止法コンプライアンスに関する取り組みを推進する目的で、2012年11月に報告書「企業における独占禁止法コンプライアンスに関する取組状況について」（2012年11月）の中で「独占禁止法コンプライアンス・プログラムの実効性を確保するための方策」を公表している。

図表Ⅳ-2-30 独占禁止法コンプライアンス・プログラムの実効性を確保するための方策

項　目	内　容
経営トップのコミットメントとイニシアティブ	経営トップのコミットメントとイニシアティブ
	実情に応じた独占禁止法コンプライアンス・プログラムの構築
	独占禁止法法務・コンプライアンス担当部署と実施体制の整備
	企業グループとしての一体的な取組

実情に応じた独占禁止法コンプライアンス・プログラムの構築	独占禁止法コンプライアンス・マニュアルの策定
	社内研修の実施
	法務相談体制の整備
	社内懲戒ルールの整備
	同業他社との接触ルールの策定
独占禁止法法務・コンプライアンス担当部署と実施体制の整備	独占禁止法監査の実施
	内部通報制度の整備
	社内リニエンシー
企業グループとしての一体的な取組	経営トップのイニシアティブによる迅速な対応と的確な意思決定
	課徴金減免制度等の積極的活用
	有事対処マニュアルの事前整備
	的確な社内調査の実施

出所) 公正取引委員会「企業における独占禁止法コンプライアンスに関する取組状況について」(2012年11月) より「独占禁止法コンプライアンス・プログラムの実効性を確保するための方策」を基に有限責任監査法人トーマツ作成

前述のように、各国のカルテルの規制に大きな変わりはないため、経済産業省の「企業におけるカルテルに対するコンプライアンスに係る取組及び先駆的事例」や公正取引委員会の報告書における「独占禁止法コンプライアンス・プログラムの実効性を確保するための方策」は、カルテルに係るコンプライアンス・プログラムを構築する上で参考とすることができる。

3 カルテルへの対応—カルテルリスクの把握

■ 日本企業が抱える悩み

カルテルについても、自社および自社グループのコンプライアンス・プログラムが十分なものになっているか確証を持てない企業が多いと考えられる。特に、カルテルの場合、贈収賄と異なり、事業者間での直接的な資金の動き等を伴わず、基本的に社外の行為に起因するため、実際の営業現場ではどのような状況になっているかの現状を把握できていない経営者は多いのではないだろうか。

現状把握が不十分であるため、贈収賄以上に、コンプライアンス・プロ

グラムに手をつけられていない日本企業も多く見受けられる。

■アンケートの活用による現状把握

　コンプライアンス・プログラムの確立には、まず、自社および自社グループのカルテル防止のための管理体制や取引状況を把握（リスク評価）する必要がある。

　リスク評価のための情報収集の方法は前述のとおりだが、カルテルに関する管理体制や取引状況を把握するにあたっても、贈収賄と同様にアンケートが有用である。

■アンケート調査の留意点

　カルテルに関するアンケート調査を実施するにあたっては、アンケート調査を行うことによるリスクを十分に理解する必要がある。

　まず、カルテルの場合、カルテルの実行者は、違法性は認識しているが、「会社のために行っている」「他者もやっており止むを得ない」とカルテル行為を正当化する傾向にある。このため、贈収賄以上に、アンケートの回答の信頼性には留意が必要である。カルテルリスクが高いと考えられる事業部門や子会社等が特定できているのであれば、アンケート調査を行うのではなく、現地調査により実態を確認するというのも1つの方法と考えられる。

　また、この点は贈収賄も同様だが、アンケートの回答自体が、当局の証拠資料となり得る点についても十分に留意しなければならない。アンケートの回答がカルテルを行っている証拠となる可能性も考慮し、実施方法と万が一問題が抽出された場合の対応については、弁護士とも十分にすり合わせておく必要がある。

　さらに、アンケート調査の回答者にも留意が必要である。贈収賄の場合には、会社の出金等を伴うため、経理部門や財務部門の担当者からの情報が重要となるが、カルテルの場合は、営業部門など競合他社と接触する機会がある部門からの情報が重要となってくる。カルテルに関するアンケー

ト調査の回答が管理部門からのものである場合には、カルテルリスクを正確に把握できているかを今一度確認する必要がある。

■アンケート調査のポイント

　贈収賄とカルテルは、管理体制と取引状況の確認が調査のポイントとなる点は同様である。以下では、それぞれについて贈収賄と異なる点について説明する。

① **管理体制の確認**

　前述のように、贈収賄とカルテルでは、管理すべき視点が異なるため、公正取引委員会の「独占禁止法コンプライアンス・プログラムの実効性を確保するための方策」等も参考にしつつ、贈収賄の質問表に以下の項目を追加する。

- ◎ カルテルに関するコンプライアンスポリシーおよび手続き
- ◎ カルテルに関する研修の実施
- ◎ カルテルに関するリスク評価
- ◎ 競合他社との接触ルール（事前、事後、記録、報告）
- ◎ 統計情報（競合他社の生産量、需給見通しといった機微（センシティブ）情報等）の取り扱いルール
- ◎ その他

② **取引状況の確認**

　取引状況の確認については、贈収賄とは大きく異なる。業種等によっても大きく異なるが、主に以下のポイントをアンケートによって確認する。

- ◎ 競合他社の特定
- ◎ 競合他社との接触の有無・頻度・目的
- ◎ 市場情報と自社情報の比較
- ◎ 市場情報の入手の有無・頻度・目的
- ◎ その他

■アンケート調査の結果によるカルテルリスク評価

アンケート調査の結果に基づき、グループ各社の影響度（取引状況）および脆弱性（管理体制）を、評点化方式等によりランク付けしていく。これに現地調査やヒアリング結果、ビジネスモデル等（例えば、市場決定権や価格決定権のある会社か否かなど）を加味して、カルテルリスクの評価を行う。

4 カルテルへの対応—コンプライアンス・プログラムの構築

■カルテルリスクに応じたコンプライアンス・プログラムの再構築

アンケート調査や現地調査等によってカルテルリスクの評価を行った結果、優先的にコンプライアンス・プログラムを（再）構築すべきと判断したセグメントや会社について、目指すべきコンプライアンス・プログラムと現状とのGAP分析を行う。

以下では、カルテルと贈収賄で異なる点（競合他社との接触ルール、統計情報の取り扱いルール）について主なポイントを説明する。

① 競合他社との接触ルール（事前、事後、記録、報告）

競合他社との接触のルールを作成するにあたっては、まずは現状の他社と接触する会合や機会の洗い出しが重要である。当該会合や機会について、目的や必要性を充分に検討し、不必要な会合や機会への出席をなくすことがカルテル防止の第一歩となる。

会合や機会の洗い出しを実施した上で、事前の申請ルールを決定する。事前申請ルールは当該部門内で完結するのではなく、法務担当者等の管理部門にも申請を回覧させることで牽制が可能となる。

また、カルテルに関しては、事前の申請だけでなく、事後の確認も非常に重要である。事前の申請どおりの会合であったのか、実際の会合の内容がカルテル違反に抵触する可能性がないのか、事後的に確認することが必要である。

さらに、会合内容を文書として記録し、カルテル違反がなかったことを

明確な形で残し、定期的に法務部やコンプライアンス責任部門等へ報告することも必要となってくる。

なお、カルテルは社外での行為に起因することから、事前、事後、記録、報告のルールだけでなく、いかに営業担当者等の社外での行動を把握するかがポイントとなる。営業日報、予定表の共有などにより、社外における行動を把握できるような仕組みの構築も牽制効果があると考えられる。また、社外における行動を把握するとともに、社外の行動は常にモニタリングされていることを営業担当者等に認識させることが重要である。具体的には、定期的なメールの分析、携帯電話の通話記録の分析、交際費・旅費交通費等のチェックは、営業担当者等を牽制する上で重要であると考えられる。

② 統計情報の取り扱いルール

統計情報（競合他社の生産量、需給見通しといった機微情報等）は、まず自社が他社に提供できる、自社が利用することができる統計情報の内容を明確に定義することに尽きる。定義が曖昧である場合には、無意識にカルテル違反に巻き込まれてしまう可能性があるためだ。

前述の経済産業省の「企業におけるカルテルに対するコンプライアンスに係る取組及び先駆的事例」では、提供・利用できる統計情報の定義として以下をあげている。

- ◎ 集合情報（各社の個別情報を抽出することができない匿名化された情報）であること
- ◎ 複数（個社情報の推測がなされない程度）の参加者がいること
- ◎ 過去情報を原則とし、予測情報については事業者団体が作成・公表した概括的な将来見通しのみを使用すること

これらを参考にして、自社が提供・利用できる統計情報を定義することが必要である。

なお、ここでは割愛した責任者の選定、内部監査、内部調査などのコンプライアンス・プログラムのポイントは贈収賄と同様であるため、本書**第Ⅳ部第2章・経済法1**を参照されたい。

5 今後の課題

贈収賄と同様に、不公正であるという認識を持ちながらも、現実のビジネスの現場では自社の最低限のマージンを確保しつつ、ビジネスの機会を確保したいという思いが、営業の最前線でのカルテルの誘因につながっている。贈収賄等の腐敗行為を防止することと、カルテル行為を防止するための管理上のポイントは異なるが、不公正取引の背景には営業の最前線で活躍する人たちに共通する精神的な誘因が常に潜んでいる。それゆえに、現場の苦悩を肌で知る経営陣のコミットメントやカルテル防止の明確なポリシーを浸透させることが重要なのである。

前述のとおり、競争当局はリニエンシー制度等の巧妙な制度と国を超えた連携により、コーポレート以上に自らのグループの営業の最前線での情報をつかんでいる可能性がある。カルテルがこのような情報格差を生じさせる構造にあることは、経営陣は改めて認識しておくべきである。コンプライアンス・プログラムは、究極的には自らの企業グループとそこで協働している人たちを守るものである。わが国には、いわゆる談合体質があると内外から指摘されることがあるが、その正否はともかく、収益水準が回復してきている日本企業が競争当局に注目されていると指摘されることも少なくない。

業界慣行を安易に肯定することなく、現場の苦悩を共有する経営陣が自ら毅然とした態度で、様々な機会を作り、自らの表現でコンプライアンス遵守を繰り返し伝えることが肝要である。日本企業にとどまらず、まだまだこの戦いに終わりは見えない。

経済法3 透明性規制（米国 Sunshine Act ほか）

―●Point●―
激動の業界で模索される一歩先のコンプライアンス・プログラム

1 制度概要

■透明性規制をめぐる動き

【米　国】

　米国 Sunshine Act は、オバマ大統領が推進し、2010年3月に成立した医療改革法（The Patient Protection and Affordable Care Act of 2010：以下「PPACA」）の一環として制定された法令である。米国では、保険に加入していない国民が5,000万人に達するといわれており、PPACAではこれらの層の保険加入を促進し、適切な医療サービスを受けられる環境を整えることを目的としている。この実現のために不可欠なのが医療費抑制である。米国 Sunshine Act は、製薬企業および医療機器メーカーに対して、薬価のコストアップにつながる可能性のある、医師に対する支払金額等の開示を求めるものである。Sunshine Act という名称は、製薬企業および医療機器メーカーから医師への支払いを「白日にさらす」ことから命名されたといわれている。

　新たにこのような規制が設けられた背景には、製薬企業から医師に支払われる莫大な資金の流れがある。製薬企業や医療機器メーカーにおいては、売上に対する研究開発費、交際費等の割合が多く、純粋な研究開発コストのほか、臨床試験や講演などを依頼する医師への支払いが非常に大きな割合を占めている。

　製薬企業にとって、医師との関係構築が重要である背景には、2つの側面がある。1つは、新薬が主要製薬企業の主な収益源となっていることである。医師が患者に薬品を処方する際、類似する他社製品があった場合、自社の新薬が患者に処方されるかは、医師の決定権が大きく影響する。製薬企業は、自社の製品がより多く処方されるよう医師との関係構築を行う

必要があり、MR（Medical Representativeの略で、製薬企業の営業担当の呼称）が、製品情報の提供を兼ねた様々な形の接待交際を行い、人間関係を深め、自社製品をより多く処方してもらえよう働きかけるのである。接待交際による利益供与のほかにも、自社製品の疾患領域の権威者である医師に講演やコンサルティングを依頼し、報酬を支払うこともある。この場合は、製薬企業から医師に対する一方的な利益供与とはいえないものの、中には豪華な海外旅行等を伴う場合もあり、これらが接待交際の一環として利用されるケースも指摘されている。

　営業・マーケティングだけでなく、研究開発においても医師との関係は切り離せない。例えば、臨床研究の委託や、医師主導の研究に対する助成金の支払いも多額である。これらの支払いは、臨床試験データの提供などの契約に基づく業務提供の対価である場合と、病院等の施設全体や医師個人の研究活動への「寄附」として支払われる場合に分けられる。研究に対する純粋な対価であれば問題はないが、「研究開発」に対して明確な「結果」を求めない極めて寄附に近い支払いが多いのが実態であり、この種の支払いの「透明性」が求められているのである。

　米国Sunshine Actでは、10ドル以上の金銭的価値を持つ金銭、物品の供与が報告対象となる。具体的には以下の項目が報告対象となっている。

- ◎ コンサルティング料
- ◎ コンサルティング以外へのサービスへの報酬
- ◎ 謝礼金
- ◎ 贈答品
- ◎ 交際費、食費、旅費
- ◎ 教育
- ◎ 研究
- ◎ 講演料
- ◎ 寄附
- ◎ ロイヤルティやライセンス、利子、その他あらゆる金銭的価値のあるもの

報告が必要な支払先は、米国の医師免許を持つ医師および米国の教育病院であり、支払元は日本を含む米国外の組織、法人を含む。

【日　本】

日本製薬工業協会（以下「製薬協」）は2013年度から、加盟各社が医師や医療機関に支払った研究開発費や寄附金、講演料などを開示する「企業活動と医療機関等の関係の透明性ガイドライン」（以下「透明性ガイドライン」）の運用を始めた。これは協会加盟企業に対する業界自主規制だが、製薬協の影響力は非常に強く、加盟各社は、ガイドラインに従い自社のホームページにて開示を始めている。

透明性ガイドラインでは「原稿執筆料等」の開示は支払先の医師の氏名、所属ごとの支払総額にとどめ、食事代等の接待交際費は各社の総額開示を求めるにとどまっている。2015年以降に個別開示を求める方針としているが、日本では収入の開示に対する抵抗感が強く、医師会から懸念が示されている。しかし、2013年には、医師主導型の研究において、大手外資系製薬メーカーによる臨床試験データの改ざん事件が発覚した。医師の臨床試験に対する企業の援助が企業に有利に利用される可能性を示唆した同事件によって、企業から医師への支払いの「透明性」に対する関心が高まっている。

透明性ガイドラインに基づく開示によれば、武田薬品工業は2012年度に「研究開発費」「学術研究助成費」「原稿執筆料」「情報提供関連費」「その他の費用」の合計で、約400億円を支払ったと発表している。売上の上位企業は軒並み200億円前後の支払いを行っており、医師に対する高額な資金提供の実態が浮き彫りとなった。

下記の図表に、2012年度国内売上高上位25社の国内売上高に対する研究費開発費の比率をまとめた。

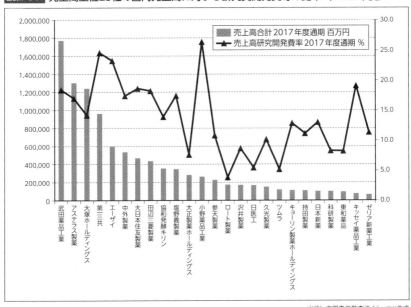

図表Ⅳ-2-31 売上高上位25社の国内売上高に対する研究費開発費等の比率（2017年度）

出所）有限責任監査法人トーマツ作成

【欧　州】

　欧州では、「フランスSunshine」と呼ばれる透明性に関する法規制であるLoi Bertrand法、英国の製薬業団体であるAssociation of the British Pharmaceutical Industryの業界規制がすでに施行されている。特に、フランスの法規制は開示を求める項目が多岐にわたる厳格な法令となっている。今後は、欧州33か国をカバーする業界団体である欧州製薬団体連合会（European Federation of Pharmaceutical Industries and Associations、以下「EFPIA」）の「HCP / HCO開示規定（Disclosure Code）」が適用され、2015年に発生した支払いを2016年から開示することを求めている。「あらゆる金銭的価値の提供」を「支払い」と定義していることは米国Sunshine Actと同様だが、支払先を医師に限定せず、「欧州在住の、医薬品の処方、購入などに携わる医療・歯科・薬局・看護等に従事する者」としている。また、支払先の組織は病院だけでなく「基金、教育機関、学会等の組織（患

者団体は除外)」を含むなど、米国Sunshine Act以上に広範囲な規制となっている。

製薬企業および医療機器メーカーから医師に対する支払いの透明性向上は、世界各国が抱える共通課題である。2013年10月現在で法令化されているのは、米国以外ではフランス、スロバキアのみであり、業界規制として適用されている主な国には、日本のほか、英国、オランダ、オーストラリアがある。2016年にEFPI開示規定の適用が始まると規制対象となる国と地域が広範囲に拡大するため、各社は国別の対応ではなく継続的かつ効率的な報告を行うため、グローバルでの方針の検討が望まれる。

2 透明性規制に関する論点

透明性規制対応における製薬企業にとってのリスクは、法規制で求められているデータの適切な開示ができなければ、経営の透明性確保に対する会社の姿勢が問われる点にある。透明性規制に対応するには、開示／報告の対象となるデータをいかに網羅的に捕捉するかが論点となる。医師への支払いデータを収集するにあたっては、会計システムから支払いデータを抽出すればよいと考えられがちだが、適切に報告できるような体制を整備するには、データ収集プロセスの整備のみならず、販売・マーケティングや研究開発部門などの事業部門における意識改革等、組織における様々な側面での改革が必要となる。トーマツ（Deloitte）が米国で行ったSunshine Act対応に関するサーベイによると、「医師への支払いの透明性を高める必要性の認識」「ビジネスの仕方の変更」を最も多くの企業が課題としてあげたほか、「支払い対象となる医師のデータベース管理に課題」を抱えているという結果が得られた。

また、医師への支払いがコンプライアンス上問題がないことを担保できる仕組みを構築しなければ、開示によりコンプライアンス違反を指摘されるリスクが生じる。例えば、新興国において著名な医師は国立病院に所属していることが多いが、国家公務員である医師への支払いが公務員への贈

賄とみなされ、各国の贈収賄規制違反になる可能性がある。また、製薬企業のマーケティング活動の行動規範として「プロモーション・コード」を適用している製薬企業団体が多く、海外におけるマーケティング活動では各国のプロモーション・コードを遵守する必要がある。開示した支払いがプロモーション・コード違反の指摘を受けるリスクも生じる。透明性規制は医師への支払いデータの単なる開示にとどまらず、支払い自体が各種コンプライアンスの要件をクリアした妥当なものであることを求めている。その意味において規制化は、製薬企業、医療機器メーカーに大きな負荷を与える一方、社会的には大きな意義を持つものということができる。

3 透明性規制への対応—企業のリスクマネジメント

透明性規制対応が企業にとって大きな課題となったのは、米国や欧州の法規制が現地子会社だけに適用されるものではないからである。米国Sunshine Act、EFPIA開示規定ともに米国・欧州の医師に対する日本からの支払いを報告／開示対象としているため、日本側でもデータ収集等の対応が必要になったのである。

日本の透明性ガイドラインが日本製薬工業協会による自主規制である一方、米国Sunshine Actは罰則のある法令であること、報告の対象項目が詳細にわたっていることから、報告対象となる企業は対応に苦慮している。米国Sunshine Actは米国における支払いが報告対象とされており、日本の製薬企業は、これを米国子会社の問題として捉え、米国子会社を中心に対応を進めてきた。ところが、2013年2月にSunshine Actの規制当局であるCenter For Medicare and Medicaid Services（米国保健局、以下「CMS」）から発表された最新のガイドラインでは、米国の医師免許を持つ医師および教育病院に対するすべての支払いが報告対象であることが明記された。つまり、米国の保険医療において処方される製品を販売する事業者については、米国内外を問わず、すべての国からの支払いが報告対象となることが判明したのである。もはや問題は米国子会社だけで対処できるものではなくなり、日本の親会社による対応が急務となったのである。

CMSへの報告書は、社長、CFO、コンプライアンスオフィサーまたは報告データに責任を負うことができる取締役レベルの役職者の名の下に提出される。罰金は企業に科されるが、報告漏れや虚偽の報告等の違反が摘発された場合には、企業のみならず署名者のレピュテーションに重大な影響が予想される。対象企業は、CMS等規制当局への報告書の正確性、網羅性の担保を可能とする万全な報告体制を構築し、コンプライアンス違反リスクを低減することが求められている。

4 体制整備・構築

　透明性規制に対する取り組みのレベルは、大手製薬企業間においても幅がある。支払いデータが多数発生する大手製薬企業においては、報告の対象となるデータを網羅的かつ効率的に捕捉するために、徹底的にプロセスをシステム化している企業が多くみられる。「現場に負荷をかけずに透明性規制コンプライアンスに効率的に対応すること」を目的としたアプローチである。

■グローバルでの対応事例

　一方で、単なるデータ収集だけでなく、データ収集を通してコンプライアンスに対する意識を高め、取引を分析するきっかけとして利用し、コンプライアンス・リスクのさらなる低減に取り組んでいる企業もある。

　欧州の大手製薬企業では、米国Sunshine Actへの対応のために構築した米国医師への支払いデータベースを、欧州の医師に対する支払いデータまでをも格納するグローバルデータベースの構築に発展させた。東欧の公務員への支払いで米国FCPA違反を摘発された製薬企業の例があるように、世界各国で医師に対する支払いがビジネス上必須の製薬企業においては、常に贈収賄リスクと背中合わせである。事業のグローバル化に伴い、例えば、フランスの子会社がロシアで治験を行うためにロシアの医師に対して費用を支払う、当該医師へ接待する機会が発生するなど、医師に対するクロスボーダーの支払いが増加している。支払いルート、件数の増加に

伴い、コンプライアンス違反リスクも高まっている。このような状況を受け、前述の企業ではコンプライアンス違反となるおそれのある支払いを未然に防ぐために、グローバルに統合したデータベースを構築し、医師への支払いを伴う案件をモニタリングしている。

　透明性規制の強化に付随して、個々の支払いにおける妥当性の担保についても議論が生じている。別の大手製薬企業では、医師に対する支払いの経済的価値が妥当であることをステークホルダーに表明するために、支払いのFair Market Value（以下「FMV」）算出のガイドラインを制定している。DOJでは製薬企業から医師に対する支払いの賄賂性に注目しており、米国の製薬企業を中心に課題認識が高まっている。医師への支払金額が、医師から提供を受ける講演やコンサルティング等の役務に対して不当に高いケースが指摘されており、支払金額が妥当であり賄賂性がないことを示すことが望まれているのである。そのため、FMV設定に関するポリシーを策定し、ポリシーを設定していることをウェブサイトで宣言する企業も増えている。

　透明性規制の強化に伴い、製薬企業のコンプライアンス・リスクはますます高まっている。グローバル企業がリスク低減を図るためには、個々の法令や国・地域にフォーカスした対応では結果的に非効率となる。そのため、本社主導でグローバルにコンプライアンス方針を策定し、透明性規制や贈収賄規制など複数のコンプライアンス・リスクに包括的に対応する試みもみられる。また、コンプライアンス・リスク低減のための施策に事業的意義を見出そうとする企業も増え、コンプライアンス・リスクマネジメントを、医師への支払いを伴う企画の申請データをデータベース化し、企画自体がコンプライアンス違反にならないようモニタリングする目的に加えて、事業上のベネフィットを追求する事例も増えている。公務員である医師への贈収賄にあたる取引が行われていないかといったコンプライアンス違反のモニタリングに加え、透明性規制に対応して収集した医師への支払いデータをグローバルで統合してグローバルデータベースを構築し、医

師への支払いの投資対効果の検証に使用している先進企業の例もある。

5 今後の課題

　製薬企業が新興国への進出を加速させている中、進出先の中には汚職指数の高い国もあり、コンプライアンスの徹底がますます課題となっている。新興国では、著名な医師は国立病院に所属する公務員であるケースが多く、医師への支払いにおいては、贈賄リスクにも着目する必要がある。

　ある英国企業が中国で政府高官や医師に対して不適切な支払いを行ったとして、中国政府から30億元（約530億円）の罰金刑をいい渡されたことからも、コンプライアンス違反が企業にとっていかに高くつくかを示している。しばしばコンプライアンスリスクと事業の成長のバランスが議論されるが、会社にとって損害を与える可能性が高いリスクを識別し、本社コーポレート部門だけでなく事業部門とも意識を共有した上で実効的なコンプライアンス体制を構築することが望まれる。

第Ⅴ部
おわりに

 企業に求められているのは、変化するリスクへの対応力

 海外事業の推進・活発化に伴い、増殖する海外リスクへの課題を整理

 企業において、「リスクマネジメント」に関与しない部門は存在しない

 リスクマネジメントのゴールは、従業員から経営者まで、組織内の全メンバーがリスクを自発的に把握し、対応する組織を作ること

1 能動的なリスクマネジメント体制の構築に向けて

　企業を取り巻く環境は、いつの時代も絶えず変化している。特に近時は変化のスピードが高まっており、その影響範囲も拡大している。このような状況においては、環境変化への対応力を高めることこそが、リスクマネジメントの最重要ポイントともいえる。ここまで、リスクマネジメントの定義からその方法論を説明してきたが、**第Ⅳ部**で紹介したとおり、力点を置くべきポイントやリスクの識別、その考え方を組織全体に広めるまでのステップは企業ごとに異なる。これらの相違は、企業を取り巻くリスクや、企業のリスク対応力が異なるために生じるものである。

　これからのリスクマネジメント体制の構築に際して、特にコーポレート部門が抱える課題について、本書の締めくくりとして触れていく。

　コーポレート部門が対応すべき重要なリスク目線としては、例えば、マネジメントスタイルの変化や、国内外の規制の強化へのグループとしての対応があげられる。

■マネジメントスタイルの変化

　国内市場の成熟化に伴い、海外拠点に求められる機能も大きく変化してきた。例えば、日本企業の海外進出は、典型的に、市場での競争優位のある製品のコスト削減を目的とした製造機能の移転からスタートした。それが現在では、新たな市場ごとのニーズに対応した製品企画とそのための製品開発、従来の枠を超えたコスト最適化とBCP（Business Continuity Planning：事業継続計画）などを意図したサプライチェーンの再構築から販売戦略の立案へと機能の移転範囲が拡大しており、それに伴い事業部門への権限委譲の範囲も拡大している。広範囲な権限を委譲されることから、拠点の責任者の属性も従来とは異なってきている。コーポレート機能としては、財務・法務といった側面から事業部門を支援する必要はあるが、日本からの出向者を中心に経営判断を行うという属人的な支援スタイルは、ここにきて限界を迎えているといえるだろう。

歴史的に、わが国では、ミドルアップ・ダウンの経営スタイルが承継されてきた。それにより、経営判断に必要なエスカレーション（より上位の存在に対応を要請すること）や親会社への報告が自発的に行われる企業文化が形成されてきたケースが多いといわれる。しかし、海外拠点の経営において、自発的なエスカレーションや親会社への報告は機能しないので、ルールの再構築は、不可欠かつ喫緊の課題となったといえる。

■ 国内外の規制の強化

　事業上必要な法務上の対応（例えば、許認可の取得）については、海外進出時から各事業部門が積極的に取り組んでいるケースが多いと思われる。しかし、近年は米国FCPAに代表される海外汚職防止法や競争法（カルテル規制法）といった、米国や欧州などが主導する国際商取引の公正性を確保するための自国の法制度の域外適用が、活発化している。日本企業の進出国以外の海外諸国の規制に対しても、自ら適切に対処する必要性が高まっていることには留意が必要である。海外汚職やカルテルを取り締まる当局は、違反企業が積極的に情報を開示することに強いインセンティブを与えることで、情報収集能力を高める巧妙な法制度を導入し、国を超えた連携体制を強化している。これらの規制に違反した場合の罰金等の額が、著しく高額化する傾向にあることにも留意すべきだが、本質的には、これらの法規制が実現しようとする国際商取引の公正化に向けた取り組みを、企業自ら積極的に行うことで、経営者自身がグローバル企業としての責務を認識することが重要であると考えられる。

　さらに、海外拠点の機能・規模の拡大に伴い、不正や労働問題などの発生可能性も高まっている。

　このようなリスクを適時・的確に把握し、対応策を講じるための仕組みについて説明してきたが、これらへの対応策には、わが国の企業グループが共通して抱える課題もある。

2 リスクマネジメントの課題①─運用の徹底

　一度リスクマネジメント体制を構築しても、それを継続的に運用し、従業員に浸透させることは容易ではない。マネジメントスタイルの変化により、執行に関する権限の事業部門への委譲が進んだ状況で、リスクマネジメント業務が事業部門任せとなっていれば、目の前にある事業上の業務の優先度が上がってしまうことは、人の感情としてはやむを得ないことであろう。

　リスクが顕在化した際に対応できる体制を整えておくことは重要だが、自社内でリスクが顕在化するまでは（同業他社等で問題が顕在化していても）、形式的な対応になりがちであることは、過去の経験が教えてくれている。

　組織的に行われているか否かを別にすれば、リスクマネジメントをまったく行っていない企業は皆無であろう。問題は、「体制は整備した。しかし、運用が徹底できていない」という点にあると考えられる。

　このため、リスクマネジメントでは、組織全体でPDCAサイクルの仕組みを内包しておく必要がある。中でも、執行サイドから独立したチェック体制が効果的に機能する仕組みは重要である。第三者チェックがなくとも運用されることが望ましいが、現実に多忙な業務の中で、外部からの牽制をきっかけとして対応の優先度を上げるこの手段は、外部からのコントロールが困難な「感情」という要素を有する人間によって構成される組織が、永続的に規律を維持するために編み出された工夫の1つである。

　直接の執行から独立したチェック機能としては、わが国では取締役会や内部監査が考えられる。取締役会では投資の適切性や社会貢献などについては議論されるが、リスクマネジメント体制の運用状況や社外取締役などを活用した外部目線でのリスクマネジメントの十分性の検討については、意識が低いケースもあるように見受けられる。

　一方、内部監査は、上場企業であれば機能として設置されている。しかし、その目的は必ずしも十分に整理されておらず、結果として、拠点を回

ることが目的化してしまうという課題もある。拠点別にリスクが高いと想定される事項のチェックは行うものの、全社のリスクマネジメントという観点では効果的に機能していないケースも見受けられる。

　第三者チェックとしての内部監査の役割は、グループ各社の内部統制の運営状況の確認だけにとどまらない。コンプライアンス体制については海外子会社を地域別に比較した課題の抽出、海外子会社のリスクマネジメント体制の視点では、コーポレート部門による整備・運用の支援状況の確認、他の事業部門の成功例との比較による調査対象事業部門の仕組みの適切性（有効性・効率性）の確認などが求められる。だが、このような役割を内部監査が十分に果たせていない企業は少なくないように思われる。

図表V-1　チェック機能（例）

	取締役会（監査委員会）	内部監査
チェックの目的	外部への対応の適切性	内部の仕組みの運用の適切性
チェック項目	・投資の適切性（ビジョンとの整合性） ・クライアント満足度 ・従業員満足度 ・社会貢献 ・ファイナンスの適切性　　など	・ミッションの浸透度 ・仕組みの適切性 ・仕組みの運用

出所）有限責任監査法人トーマツ作成

　このようなチェック機能は、中長期的に企業価値創造の仕組みの1つではある。しかし、継続性がない、あるいはこれらの機能を担う人材の問題意識だけに頼った内部監査では、成果は問題点の抽出にとどまり、必要な仕組みの再構築、経営資源（予算・人員・情報システム等）の追加投入は困難である。事業部門に対して、グループ全体の視点から、これらの投資への責任を引き受けることができるのは経営者だけである。経営者は、中長期的な視点に立って、エスカレーションあるいはグループ内の情報共有を効率化する仕組みを活用するとともに、少なくとも自社や同業他社で問題が顕在化した際には、これらの機能の十分性について眼を向けるべきであろう。

　一方、チェック機能を強化しても、各人が日々の業務においてリスクを

認識し得なければ、適切にリスクを把握することはできない。ここでは、すべてのリスクを識別することが必要なのではなく、発生可能性が高く企業への影響が大きいリスクを洗い出すことが重要である。だが、そのために適時・的確にリスクを把握することは、実務的には決して容易なことではない。さらに、事業部門に権限が委譲されている状況において、コーポレート部門の間接的な情報収集力がさらに劣後することは、十分に留意すべき事項である。

事業領域や活動地域が拡大した現在においては、経営者が認識しているリスクへの対応を各部門に指示することは実効的ではない。現場の1人ひとりが認識したリスクを経営者に集約していく仕組みを運営する必要があるのである。その際に必要なことは、従業員が認識したリスクを真摯に受け止める経営者のコミットメント、そして各従業員がリスクを認識するスキルを身につけることである。

図表V-2 経営者を支援する経営システム

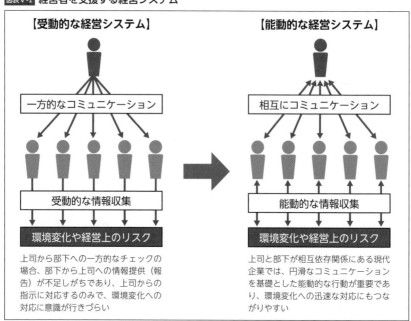

出所）有限責任監査法人トーマツ作成

これまでに説明してきたリスクマネジメント体制の構築は、ゴールに向けた第一歩である。そして、ゴールとは、従業員を含めた組織内のすべてのメンバーがリスクを自発的に把握し、それをメンバーや上長と議論し、対応していくような組織を作ることである。生物学者のダーウィンは「生き残ることのできる生物の種族は最も優れた生態能力を持った種族ではなく環境の変化に対応できる種族である」としている。組織は定型的な取引の処理に適した体制をとることによって効率性を向上させていく。一方で、体制の効率性を高めれば高めるほど、変化への対応が遅れる可能性は高まっていく。これを防止するのは従業員を含めた組織メンバー全員の危機意識であり、それを組織内に広めるコミュニケーション力であると考えられる。組織は、このような従業員の自発的な行動を引き出し、経営者を支援することで、永続的に存在する能力を高めていくといえるだろう。

3 リスクマネジメントの課題②─海外への展開

　国内においては、リスクマネジメント体制は構築され、運用面でも浸透が進みつつあるといえる。しかし、個々の経営環境が異なる海外子会社については、国内の規程等を参考に、子会社自らに規程の作成を委託するケースも多い。しかし、その内容や運用を、コーポレート部門が十分に把握できていないケースも多くみられる。その実務的背景には、グループ全体の海外市場への依存度が低いことがあると推測されるが、国内市場が成熟した状況下で、海外へのさらなる事業展開を戦略として明示する限り、たとえ今は重要性に乏しくとも、外部からはコーポレート部門のいい訳に過ぎないとみられることにも留意すべきであろう。また、現状の売上高の重要性は低くても、某国の現状のカルテル規制のように、国内ではなく世界売上高を基礎として量刑されるケースもあり、規制の内容次第では重要性の判断基準の見直しが必要となるかもしれない。現状では、中途半端な海外進出が想定を超えた重大なリスクとなっているケースもあるといえる。

　海外子会社であっても、基本的な対応策は国内と大きく異なるものではなく、特殊なことをする必要はない。海外子会社で認識されているリスク

を子会社内で検討するだけでなく、重要度に応じて親会社に報告する責任を明確にすることが重要なのである。内部監査等によって、リスク管理体制と報告ルールの運用について確認するという第三者チェックが徹底されている企業は、残念ながらまだまだ少ないようだ。

その理由として、以下のような問題が指摘されている。

- ◎ 国内の体制整備も十分ではなく、海外への的確な指示が行えない
- ◎ 海外グループ会社を含めたグループ管理規程の整備が不十分であり、コーポレート部門の指示権限が明確でない
- ◎ 現状認識が十分ではない（コーポレート部門の情報収集力が低い）ことなどから、コーポレート部門による指示が効果的でないと反論されても、それに反論する根拠が十分ではない
- ◎ M&Aで取得した子会社であり、すでに存在する仕組みに従った運営がなされており、指示を出しづらい

海外展開は事業部門が中心となって推進しており、進出時には事業部門自らが各国の規制を調査・確認する。そのため、事業部門は後追いのコーポレート部門に付加価値を見出せず、逆にコーポレート部門は、事業の詳細がわからないため、事業部門に対して必要以上にリスク回避的な指示をすることとなり、相互に非協力的な関係になりがちである。

しかし、リスクマネジメントでは、コーポレート部門と事業部門とが役割分担を明確に相互承認した上で、グループとして優先順位の高いリスクをマネジメントするために何をすべきかを、共に検討することが有益である。部門間の負の連鎖を断ち切り、コーポレート部門が海外の実情の理解に必要な情報をタイムリーに共有する仕組みづくりは、今後のグループ運営に不可欠であると考えられる。そのためにも、コーポレート部門は事業部門に対して、他社や他の事業部門で行われているベストプラクティスやリスク情報を、自ら積極的に発信していく必要がある。その上で事業部門が適時・適切な情報を報告する仕組みを再構築する必要があるといえる。

4 Governance, Risk & Compliance (GRC) フレームワークによる対応

　このような課題に対応していくためには、まずは個別に1つひとつ潰していくことが必要となる。

　同時に、それらの課題を体系化することも重要である。各部門・各拠点それぞれが、課題に対して個別的な対応をとることは非効率であるだけでなく、グループとして、投資に見合う十分な効果を得られない可能性が高まるためである。そこで、トーマツでは以下のようなフレームワークを利用し、課題や対応策の抜け・漏れの有無を確認することを推奨している。このフレームワークを、トーマツではGRC（Governance, Risk & Compliance）フレームワークと称している。

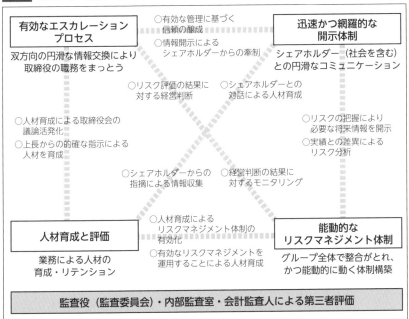

図表V-3　GRCフレームワーク

有効なエスカレーションプロセス	組織内（企業内部・グループ会社間）における双方向での円滑かつ有効な情報交換に向けて、情報の内容、タイミング、情報共有あるいは決断する場、手法等を定義し、プロセスとして確立する。これにより適切な意思決定が促進される。
迅速かつ網羅的な開示体制	多様なステークホルダーとコミュニケーションを図り、企業の説明責任を果たすため、ネガティブな情報も含め、迅速かつ網羅的な開示体制を構築する。これにより、ステークホルダーの信頼と協力関係が醸成される。
人材育成と評価	「ミッション」「ビジョン」「コアバリュー」を定義し、ポジションごとの役割・権限・責任から、求められる人材像を明確化することで、人材育成・モチベーションの向上を図る。これにより、最適なオペレーションモデルを円滑に運営できる人材が確保される。
能動的なリスクマネジメント体制	経営環境から企業グループにおけるリスクが識別・評価され、リスク優先度に応じた対応がグループ全体としてなされることで、環境変化に適応可能な体制が構築される。これにより、リスクを合理的にとることができるようになる。

出所）有限責任監査法人トーマツ作成

　GRCフレームワークで最も強調すべきは、「関連性」の強化を重視している点である。Governance, Risk & Complianceのような、複雑なシステムを前提とした仕組みを実務に有益な枠組みとして体系化するには、一定の抽象化された要素による単純化が必要と考えられる。このとき、1つのシステムが複数の要素に分解されることによって、抽象化された要素を理解することに重きが置かれがちだが、より重要なことは、要素間の相互作用が全体のシステムを支えているという機能の全体的な理解である。

　GRCフレームワークの目的は、Governance, Risk & Complianceを、各企業グループにとって有益なシステムとして、より効率的に機能させることである。各要素の意義を理解した上で、それぞれの要素が相互に有機的に連携することを理解して初めて、複雑なシステムを有効に機能させることが可能となるのである。

　「能動的なリスクマネジメント体制」と「有効なエスカレーションプロセス」の関連性でいえば、どのようなリスクマネジメント体制を構築しても、その結果を適時に会社内で共有できなければ、次の行動に反映することはできない。また、経営判断結果を継続してモニタリングすることで初めて、リスク意識が浸透していくこととなる。

「能動的なリスクマネジメント体制」を運営するのは人である。体制を運用することで人材育成がなされることもあれば、人材育成の結果として体制が強化されることもある。これが「人材育成と評価」との関係である。

また、自社内だけのリスクマネジメント体制構築には限界があるため、シェアホルダーからの指摘によって変化を把握することも必要となる。そのためには、まずは自社内で何をリスクと捉え、どのような対策を講じているかについて発信していく必要がある。これが「迅速かつ網羅的な開示体制」である。

なお、具体的に整備を進めていく際には、親会社よりも子会社においてどのような体制を構築すべきかが論点となる。海外を含めた子会社については、下記の図表のように一部を読み替えて利用している。

図表V-4 GRCフレームワーク（子会社版）

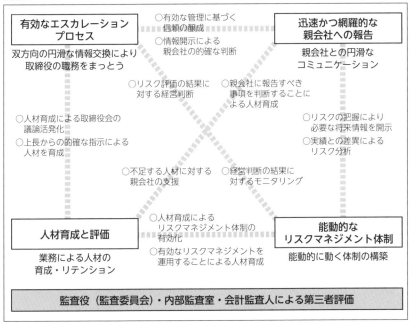

出所）有限責任監査法人トーマツ作成

5 GRC フレームワークの成り立ち

　トーマツでは、コーポレート・ガバナンスを「経営者から、ルールを守りつつ、効率性を追求するという良質の経営行動を引き出すこと」(若杉敬明「現代経営とコーポレート・ガバナンス」神田秀樹『コーポレート・ガバナンスにおける商法の役割』(中央経済社、2005年))と捉え、その良質な経営行動を引き出すための仕組みとして必要な要素を、①経営者をいかに監督・評価するか、②経営者をいかに支援するか、③経営者の実績にいかに報いるか(吉森賢、齋藤正章『コーポレート・ガバナンス』(財団法人放送大学研究振興会、2009年))、という3つの要素として捉えている。

図表V-5　コーポレート・ガバナンスの意義と、それを実現・実践するための仕組みの3要素

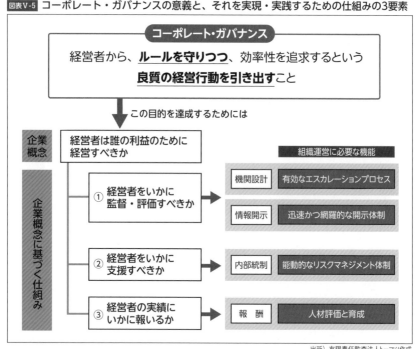

出所）有限責任監査法人トーマツ作成

①「経営者をいかに監督・評価するか」は、機関設計や情報開示において議論されるところだが、GRCフレームワークではこれを機関設計に限らず、取締役会に代表される意思決定機関が有効に機能することとして「有効なエスカレーションプロセス」としている。また、情報開示についても、制度として決められたものを守るだけでなく、積極的な情報開示で社会との信頼関係を構築するという視点で「迅速かつ網羅的な開示体制」としている。

　②「経営者をいかに支援するか」は、内部統制において議論されるところである。「内部統制」というと、真っ先にJ-SOXが思い浮べられ、「支援」という言葉の響きとは異なる印象を受ける場合もあろう。しかし、事業は、代表取締役1人では行うことができず、多くの人との分業によって運営が可能となるものである。この分業を効率的・効果的に行う仕組みが内部統制であり、これこそが経営者を支援する仕組みと考えられるのである。GRCフレームワークでは、「内部統制」というキーワードが誤解を生むことを考慮し、「能動的なリスクマネジメント体制」としている。「能動的」という言葉は、前述のように、組織のメンバー全員が環境変化を自発的に認識し、組織内に広める必要があるという問題意識に起因するものである。

　③「経営者の実績にいかに報いるか」については、経営者の報酬制度で議論されるところである。GRCフレームワークでは「経営者」を代表取締役に限定せず、次世代の経営者を含めて考えているため、「人材育成と評価」としている。

図表V-6　組織運営に必要な仕組み

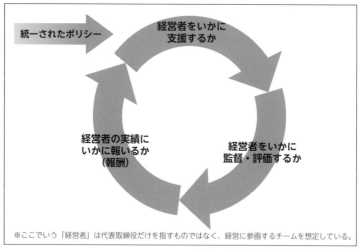

※ここでいう「経営者」は代表取締役だけを指すものではなく、経営に参画するチームを想定している。

出所）有限責任監査法人トーマツ作成

6 おわりに

　リスクマネジメント体制を構築するというと、本社や各事業部門の法務部、リスクマネジメント委員会のタスクのように考えられがちである。しかし、エスカレーションや人材育成・評価の観点では、事業部門を含めたすべての部門が関連している。

　エスカレーションは総務部門、能動的なリスクマネジメント体制は経理・法務部門、人材育成・評価は人事部門、迅速かつ網羅的な開示体制はIR部門と、各部門で分担して4要素を整備している場合も多いと思われるが、その4要素を相互に関連付け、企業を運営することは容易ではない。リスクマネジメント体制を構築する場合には、これらの4要素を有機的に連動させて運用する必要がある。

　企業におけるリスクマネジメント体制の構築に際して、本書がその1つのヒントとなれば幸いである。

参考文献一覧

本文に記載のあるもののほか、本書を執筆するにあたり、以下の文献・資料を参照した。

〈書籍・雑誌〉

経済産業省経済産業政策局産業資金課編『先進企業から学ぶ事業リスクマネジメント実践テキスト―企業価値の向上を目指して』(財団法人経済産業調査会、2005年)

デロイト トーマツ ファイナンシャルアドバイザリー株式会社フォレンジックサービス、ベーカー&マッケンジー法律事務所(外国法共同事業)編著『海外進出企業の贈賄リスク対応の実務―アメリカFCPAからアジア諸国の関連法まで』(中央経済社、2013年)

仁木一彦『図解 ひとめでわかるリスクマネジメント 第2版』(東洋経済新報社、2012年)

仁木一彦『儲からないCSRはやめなさい!』(日本経済新聞出版社、2012年)

仁木一彦『図解 ひとめでわかる内部統制 第3版』(東洋経済新報社、2014年)

野坂晃史・仁木一彦・三好直樹著、久保惠一監修『図解 一番はじめに読む内部監査の本 第2版』(東洋経済新報社、2010年)

有限責任監査法人トーマツ・デロイト トーマツ リスクサービス『リスクインテリジェンス・カンパニー』(日本経済新聞出版社、2009年)

有限責任監査法人トーマツ『内部監査実務ハンドブック 第3版』(中央経済社、2013年)

吉森賢、齋藤正章『コーポレート・ガバナンス』(財団法人放送大学研究振興会、2009年)

若杉敬明「現代経営とコーポレート・ガバナンス」神田秀樹『コーポレート・ガバナンスにおける商法の役割』(中央経済社、2005年)

「シリーズ経理・財務 社員教育の実際と今後の展望 第一回 特別対談『松下における経理社員制度と経理・財務教育』」週刊経営財務 No2815

〈官公庁報告書・ガイドライン等〉

金融庁総務企画局「企業内容等の開示に関する留意事項について(企業内容等開示ガイドライン)」(2014年8月)

金融庁・株式会社東京証券取引所「コーポレートガバナンス・コード」(2015年3月、2018年6月改訂)

経済産業省「消費生活用製品のリコールハンドブック2016」

経済産業省「持続的な企業価値創造に資する非財務情報開示のあり方に関する調査」(2012年3月)

経済産業省・日本IR協議会「持続的な企業価値創造のためのIR/コミュニケーション戦略に関する実態調査(一次集計結果)」(2013年3月22日)

一般財団法人日本IR協議会(2018年4月)

公正取引委員会ホームページ「よくある質問コーナー(独占禁止法)」

公正取引委員会ホームページ「独占禁止法の規制内容」

消費者庁「メニュー・料理等の食品表示に係る景品表示法上の考え方について」(2014年3月28日)

消費者庁「ホテルのメニュー表示に係る関係団体への要請について」（2013年11月6日）

消費者庁・経済産業省「消費生活用製品安全法に基づく　製品事故情報報告・公表制度の解説〜事業者用ハンドブック2018〜」

食品表示等問題関係府省庁等会議「食品表示等の適正化について」（2013年12月9日）

食品表示等問題関係府省庁等会議第2回資料2「食品表示等の適正化について」

〈新聞〉

2003年1月23日日本経済新聞朝刊「2002年11月時点の消費者調査」

2013年11月29日朝日新聞デジタル

2013年12月2日日本経済新聞プラスワン

〈公益法人等による資料〉

一般社団法人日本内部監査協会（檜田信男監訳）「内部監査の定義 -definition of Internal Auditing-」

一般社団法人日本内部監査協会「内部監査基準」

公益財団法人食の安全・安心財団「メニュー表示について」（2014年1月16日）

日本公認会計士協会出版局「内部統制の統合的フレームワーク　フレームワーク篇」（2014年2月5日）33頁

日本百貨店協会「食品等の表示適正化に関する取り組みについて」（2013年11月29日）2頁

NPO日本ネットワークセキュリティ協会セキュリティ被害調査ワーキンググループ・情報セキュリティ大学院大学原田研究室・廣田研究室「2012年 情報セキュリティインシデントに関する調査報告書【上半期 速報版】」

NPO日本ネットワークセキュリティ協会セキュリティ被害調査ワーキンググループ・情報セキュリティ大学院大学原田研究室・廣田研究室「2011年情報セキュリティインシデントに関する調査報告書〜個人情報漏えい編〜」第1.4版（2012年12月7日）

〈企業報告書等〉

株式会社東京証券取引所「東証上場会社コーポレート・ガバナンス白書2017」（2017年3月）

阪急阪神ホテルズにおけるメニュー表示の適正化に関する第三者委員会「調査報告書」（2014年1月31日）

ジョンソン・エンド・ジョンソンウェブサイト「タイレノールものがたり」
（http://tylenol.jp/story02.html）

〈欧文文献〉

Justice Department Documents and Publications, December 15, 2008, TRANSCRIPT OF PRESS CONFERENCE ANNOUNCING SIEMENS AG AND THREE SUBSIDIARIES PLEAD GUILTY TO FOREIGN CORRUPT PRACTICES ACT VIOLATIONS

Donald R. Cressey "Other People's Money: A Study in the Social Psychology of Embezzlement"

索　引

A - Z

Adequate Procedure ……………… 239, 240
An Act to Make Provision about Offences Relating to Bribery; and for Connected Purposes（The Bribery Act 2010）：贈収賄防止法 ……………………………………… 233, 234
Anti-Bribery Provision：贈賄禁止条項 …… 236
Books and Records Keeping, Internal Control Provision：会計・内部統制条項 … 236
Brazilian Clean Companies Act：企業腐敗防止法 …………………………………………… 233
Center For Medicare and Medicaid Services（CMS）：米国保健局 ……………… 267
Corruption of Foreign Public Officials Act：外国公務員等汚職禁止法 …………………… 233
COSO Enterprise Risk Management-Integrated Framework（COSO ERM） …………………………………………… 24, 34, 35
CSR 報告書 …………… 111, 112, 113, 115, 116
Deferred Prosecution Agreement：訴追延期合意 ……………………………………… 233
Enterprise Risk Management（ERM） ……… 20
European Federation of Pharmaceutical Industries and Associations（EFPIA）：欧州製薬団体連合 ……………………………… 265
EU 機能条約 ……………………………… 253
Fair Market Value（FMV） ……………… 269
FCPA リソースガイド ………………… 238, 240
GCP（Good Clinical Practice） …………… 185
GLP（Good Laboratory Practice） ………… 185
GMP（Good Manufacturing Practice） …… 185
GPSP（Good Post-Marketing Study Practice） …………………………………………… 185
GQP（Good Quality Practice） …………… 185
GRC（Governance, Risk & Compliance）フレームワーク ………………………… 279, 280, 281
GVP（Good Vigilance Practice） ………… 185
HCP / HCO 開示規定（Disclosure Code） … 265
Incident Command System（ICS）：現地指揮システム ……………………………………… 141
ISO31000 …………………………………… 34

JAS 法 ……………………………………… 214
Loi Bertrand 法 …………………………… 265
National Incident Management System（NIMS）：国家危機管理システム ……… 141
Sunshine Act ……… 191, 262, 263, 265, 266, 267
The Patient Protection and Affordable Care Act of 2010（PPACA）：医療改革法 …… 262
United States Department of Justice（DOJ）：米国司法省 ……………………………… 236
United States Securities and Exchange Commission（SEC）：米国証券取引委員会 …………………………………………… 231

い

医薬品リスク管理計画（RMP／Risk Management Plan） ……………………… 188

お

オペレーショナルリスクマトリックス …… 187

か

開示 ……………… 96, 97, 98, 101, 102, 105, 106, 108, 109, 112, 113, 114, 155
外食における原産地表示に関するガイドライン …………………………………………… 214
カルテル ………… 251, 252, 253, 254, 256, 259
監査役監査 …………………………………… 87

き

危機対策本部事務局 ……………… 128, 129, 130
企業不祥事 ………………………………… 142
業務委託 …………………………………… 229
魚介類の名称のガイドライン ……………… 214

く

クライシスマネジメント
 ……… 16, 32, 118, 119, 121, 122, 123, 125, 126, 139, 142
クライシスマネジメントマニュアル ……… 128
グローバル内部監査 ………………………… 88

け
景品表示法 ……………………… 214

こ
公正競争規約 …………………… 214
行動規範 ………………………… 246
コンプライアンス・プログラム
………………… 238, 239, 245, 254, 259
コンプライアンスポリシー …… 246

し
事業継続計画（BCP） ……… 113, 272
事故原因区分表 ………………… 137
実態調査 …………………… 147, 148
シャーマン法 …………………… 253
食品衛生法、健康増進法 ……… 214
初動調査 ………………………… 147

せ
製品事故情報報告・公表制度 … 136
セーフ・ハーバー・ルール（安全港規定）
………………………………… 219

た
第三者管理 ……………………… 248

ち
懲戒手続 …………………… 239, 247

て
デュー・デリジェンス … 239, 240, 247, 248, 249

と
透明性規制 ……………… 262, 266, 267
独占禁止法 ……………… 253, 255, 256
独占禁止法コンプライアンス・プログラムの実効性を確保するための方策 … 255, 256, 258
トップマネジメントレビュー ……… 66, 67

な
内部監査人協会（IIA） ………… 68

内部通報制度 …………… 200, 207, 209

は
パフォーマンスレビュー ……… 63

ふ
ファーマコビジランス ……… 187, 188
不正アクセス …………………… 226
不正競争防止法 …………… 214, 234
プロモーション・コード ……… 267

り
リスク識別 ……… 42, 43, 45, 50, 52, 71, 168
リスク評価 …… 52, 53, 54, 55, 56, 171, 244, 246
リスクマネジメント担当責任者（CRO） … 82
リスクマネジメント評価 ……… 60, 61, 62, 63
リニエンシー制度 ……… 252, 255, 261

わ
和牛等特色ある食肉の表示に関するガイドライン
………………………………… 214

著者紹介

〈著 者〉
有限責任監査法人トーマツ
有限責任監査法人トーマツは、デロイトトーマツグループの主要法人であり、日本国内最大級の監査法人のひとつです。国内約40都市に約11,000名の専門家を擁し、デロイトトーマツグループが属するビジネスプロフェッショナルのグローバルネットワークであるDeloitte(デロイト)の他のメンバーファームと連携して、様々な多国籍企業や日本企業に対して監査・保証業務、リスクアドバイザリー、株式公開支援等のサービスを提供しています。

〈監修・執筆者代表〉
仁木　一彦(にき　かずひこ)
有限責任監査法人トーマツ リスクアドバイザリー事業本部 パートナー。
公認会計士、公認内部監査人、公認不正検査士。
2000年公認会計士登録。製造業、サービス業等の会計監査、株式公開支援業務に従事。
2003年より現部署にて、リスクマネジメント、コンプライアンス、CSR、内部統制の構築・評価、内部統制報告制度(日本版SOX)対応、内部監査など幅広い分野でコンサルティング業務に従事。
リスクマネジメント体制の診断、体制の構築・導入、リスク評価等のリスクマネジメントに関連する多数のプロジェクトの責任者を担当。
「リスクマネジメントの基礎知識」「M&A後のリスクマネジメント」等のリスクマネジメントをテーマとしたセミナー講師を多数つとめる。
著書に『図解 ひとめでわかるリスクマネジメント 第2版』、『図解 ひとめでわかる内部統制 第3版』(ともに東洋経済新報社)、『図解 一番はじめに読む内部監査の本 第2版』(共著、東洋経済新報社)、『新しい管理職のルール』(共著、ダイヤモンド社)などがある。

【執筆者】※50音順
伊藤　裕之
岩﨑　啓太
梅山　裕子
北爪　雅彦
木村　研一
柴原　浩司
高津　秀光
高谷　健太郎
竹島　百合子
仁木　宏一
西　翼
二條　優介
松下　欣親
松永　一郎
柳澤　良文
柳谷　公彦

【協力者】※50音順
北畑　瑛奈
朱　雅文
宿谷　文乃
杉田　千枝
高須賀　経
高橋　自展
高橋　永
茆原　愛
中島　英之
藤岡　浩明
溝田　亘
三好　順也
山内　達夫
山口　晃

※本書は、2014年11月23日に初版第1刷としてレクシスネクシス・ジャパン株式会社より刊行されたものです。

サービス・インフォメーション
──────── 通話無料 ────────
①商品に関するご照会・お申込みのご依頼
　　　　TEL 0120(203)694／FAX 0120(302)640
②ご住所・ご名義等各種変更のご連絡
　　　　TEL 0120(203)696／FAX 0120(202)974
③請求・お支払いに関するご照会・ご要望
　　　　TEL 0120(203)695／FAX 0120(202)973

●フリーダイヤル（TEL）の受付時間は、土・日・祝日を除く 9:00～17:30です。
●FAXは24時間受け付けておりますので、あわせてご利用ください。

リスクマネジメントのプロセスと実務　増補版

2019年3月10日　初版第1刷発行
2024年6月15日　初版第6刷発行

著　者　　有限責任監査法人トーマツ
　　　　　© 2019 For information Contact Deloitte Touche Tohmatsu LLC Printed in Japan
発行者　　田　中　英　弥
発行所　　第一法規株式会社
　　　　　〒107-8560　東京都港区南青山2-11-17
　　　　　ホームページ　https://www.daiichihoki.co.jp/
装　丁　　篠　隆二

企業リスクマネ　ISBN 978-4-474-06630-4　C2034 (8)